U0465088

人类经济学

（第二版）

Julie A. Nelson
［美］朱莉·A.尼尔森 著
石峰 译

中国出版集团 现代出版社

版权登记号：01-2021-2146

图书在版编目（CIP）数据

人类经济学 /（美）朱莉·A. 尼尔森著；石峰译 . —北京：现代出版社，2021.6

ISBN 978-7-5143-9251-7

Ⅰ. ①人… Ⅱ. ①朱… ②石… Ⅲ. ①经济学 Ⅳ. ① F0

中国版本图书馆 CIP 数据核字 (2021) 第 106298 号

人类经济学（第二版）

作　　者：朱莉·A. 尼尔森（Julie A. Nelson）著
译　　者：石　峰
责任编辑：杨　静　赵海燕
出版发行：现代出版社
通信地址：北京市安定门外安华里 504 号
邮政编码：100011
电　　话：010-64267325　64245264（传真）
网　　址：www.1980xd.com
电子邮箱：xiandai@vip.sina.com
印　　刷：三河市宏盛印务有限公司
字　　数：143 千字
开　　本：880mm×1230mm　1/32　　印　　张：8.375
版　　次：2021 年 6 月第 1 版　　印　　次：2021 年 6 月第 1 次印刷
书　　号：ISBN 978-7-5143-9251-7
定　　价：49.80元

纪念劳拉·尼尔森·古瓦（1949—2012）

第二版前言

本书第一版于 2006 年问世以来，约有十年，出版社询问我是否需要改版。他们建议最好增加有关 2008 年金融危机的内容，而我却认为，有关环境保护章节是填补内容空白的首选。显然，新的事件和法律案例的相关参考资料需要更新。不幸的是，人们对经济所持有的顽固性狭隘看法却不能与时俱进。

然而，在我开始着手这些工作时，美国发生了一系列新的重大事件。至少在我看来，过去人们认为，作家需要投入精力去解释事实、做出理性论证，并鼓励人们礼貌、谨慎地待人，但美国 2016 年总统大选改变了人们对这一理念的看法。就贯穿本书的经济、商业、伦理和关怀主题而言，最近的事态发展为人们提供了看问题的新视角。

虽然这些事件为我的修改工作提供了诸多借鉴，但本书的基本观点却是不变的。为了创造对人类有益的经济，我们既要思想开明，又要有开放心态。不管你有什么看法，我都希望，你能与我一起去探索这其中的奥妙。

致谢

Thanks

若要感谢在撰写本书时给予我帮助的各位人士，则我的致谢词可能会占据本书相当大的篇幅。我只想说，我最感激的是我的朋友和社会科学界的同人南希·富尔布雷与宝拉·英格兰。在编写本书的关键时刻，尤利·阿斯拉克森、薇薇安娜·泽利泽和南希·图阿纳给我提供了创作灵感和支持。苏·辛梅尔维特和林恩·斯托特主动针对本书提出宝贵建议。与安·凯瑟琳·贾尔、小约翰·科布、凯瑟琳·凯勒和戴维·洛伊的对话有助于我进一步完善本书的社会伦理观点。编写本书第二版期间，我与禅友杰夫·瑟尔的讨论以及应其邀请参加哈佛神学院的学术研讨会，使我收获颇多。最近，通过与埃德·弗里曼、凯特·格罗斯和杰里米·莫恩在商业道德领域的合作，极大地拓宽了我的创作视野。芝加哥大学出版社的亚历克斯·施瓦兹为本书第一版的成功问世倾注了大量时间和心血。另外，该社编辑乔·杰克逊、克里斯蒂·亨利和简·麦克唐纳，以及匿名审稿人的评论，对我撰写第二版的帮助颇大。对此，千言万语表达不了我的感激之情，我只能说，我已铭记在心。

在2000—2001学年期间，我在哈佛神学院公共生活价值研究中心从事研究工作，这段经历对我编写第二版至关重要。尽管该中心已不复存在，但我还是要感谢评选委员会，他们中有许多人来自哈佛大社区，对我那一年的工作给予了中肯评价，在此谨向聪慧能干的研究助理丽贝卡·布兰奇－特瓦珊和安德鲁·斯特恩表示衷心感谢。另外，儿童发展基金会和夏洛特·珀金斯·吉尔曼关爱劳工研究奖学金为我的工作提供了财政支持，对此我深表感谢。

在北美、欧洲和亚洲的各种场合，包括在国际女权经济学协会的会议上，我收到大量有关本书的评论，使我受益匪浅，从而使本书得以顺利完工。多年来，塔夫斯大学全球发展与环境学院的温馨工作环境，以及现在的马萨诸塞大学波士顿经济系的和谐校园环境，都为我的学术进步提供了有力保障，谨此表示感谢。

最后要感谢的当然还有：我在波士顿地区的朋友和笔友，他们的鼓励给我带来持续写作的动力；我的已故姐姐劳拉，感恩她授权我使用她的素材；我的孩子安妮和帕特里克，在编写第一版时，他们的可爱给我带来了欢声笑语；在编著第二版期间，阿灵顿朋友之家社区的邻居们，你们对我的无微不至的关怀激励着我不断前进。

本书表达的观点均代表我个人，与有恩于我的人士和组织无关。

目录

序言

Introduction

经济学的古老定义是，研究人类为满足其物质需求而进行的商品和服务的经济活动。也就是说，经济学是研究我们管理时间和金钱的方式，助力我们获得食品和居所，从而“保持灵肉合一”。

然而，在经济学的许多讨论中，身体和灵魂似乎渐行渐远。在当代许多学术和大众的讨论中，还隐含着一种关于商业及其与伦理关系的特殊信念。这种信念认为，货币、利润、市场和公司均为一台“经济机器”的部件。这台机器大概会遵循不可阻挡的，很大程度上非道德的“法则”，以自动方式运行。尽管该机器组织供应我们身体所需的物质，但人们认为，就其本身而言，它是无灵魂且无人性的。因此，伦理问题——特别是我们作为活生生的、社会的、有灵魂的人，应该对彼此和其他生物表现出适当尊重和关心的问题——似乎属于其他范畴。若我认为，经济是一台机器，那么在我们从事商业活动时，花时间担忧有关正义、同情和不伤害等问题，似乎是在浪费光阴。

有时，这种信念以一种明确的“亲市场”和“亲商务”的形式出现。著名经济学家威廉·鲍莫尔在其广受赞誉的《自由市场创新机器》一书中这样写道，“资本主义经济可以被视为一台机器，其主要产品是经济增长”[①]。亲商务拥护者常将市场经济描述为非人类的“引擎”，它通过不断增加的商品和服务的种类和数量来满足我们身体的需求，从而促进人类的福祉。许多政治右翼学者，包括所谓的“新自由主义经济学”的拥趸，更进一步声称自由市场的内在美德使得任何对他人利益的明确关注都显得毫无必要。西方国家推崇的亚当·斯密，是18世纪经济学的鼻祖。他认为市场“无形的手”会自动使个人私利驱动的行为服务于公共利益。芝加哥大学经济学家米尔顿·弗里德曼有一句名言：“能这样彻底地破坏自由社会基础的情况不多，因为企业官员承担了社会责任，就不会煞费苦心地多为股东赚钱。”[②]

---

① 引述于威廉·J.鲍莫尔编著的《自由市场创新机器：分析资本主义的增长奇迹》第一章（该书于2004年由新泽西州普林斯顿市普林斯顿大学出版社印制）。

② 引述于米尔顿·弗里德曼编著的《资本主义和自由》第133页（该书于1982年由芝加哥大学出版社印制）。

在大众层面上，有关财富来源的信念反映了亲商务观点。人们往往认为巨大的个人财富，在很大程度上（如果不是唯一的），可视为特别能干和勤奋的自然回报的凭证。同样，在很大程度上，人们可能肯定地认为企业是就业和繁荣的创造者。如果人们认为经济机器是行善的、公平的，则似乎没有必要对市场、商业领袖或公司的道德伦理进行更深入的调查。

有时，这种非道德经济机器信念必然带有一种明显的反市场或反商业倾向。一位颇受欢迎的企业批评者大卫·科滕指出，由于金钱世界的"逻辑"和"规则"，资本主义"已占据我们的灵魂，并正在吞噬我们的肉体"[①]。这些市场批评者认为，当代经济生活受到贪婪和猖獗的物质主义的系统化驱使，因此完全与有道德、有意义的社会生活相违背。与亲商务信念相反的是，富人被认为是通过压迫工人阶级、破坏环境和腐败政治来发家致富的。

对社会持"批判"或左派观点的人，通常认为"商业道德"是一个矛盾体，就像"个人电脑"（电脑怎么能是个人的呢？）或"大虾"这种自相矛盾的说法一样。他们认为，讨论资本主

① 引述于大卫·C.科滕编著的《后企业世界：资本主义后的生活》第23页和第36页（该书于1999年由旧金山贝雷特·科勒出版社印制）。

义结构中出现的道德问题在很大程度上是浪费时间。为此，有人指出，需要全盘取代资本主义制度。而另外一些市场批评者则认为，盈利型企业可能在未来更好地发挥作用，但前提是它们要么受到政府政策的严格控制，要么沿着规模更小、更有地方特色、更合作的路线进行彻底重塑。

有时，持有这种经济机器信念的人，一般来说既不坚决支持商业，也不反对商业，而是把世界分成两部分。例如，一位国家社会服务专员认为，其机构不应该提高支付给养父母的费用，因为“你不想要一个由有偿职业养父母组成的家庭手工业”[①]。这种人认为，某些生活领域必须保持在受伦理保护的范围内，远离自我利益的动机。他们把特别富于关怀和人际关系的活动，比如育儿、保健和教育，单独挑出来进行这种特殊处理。在他们看来，其他领域或多或少会涉及可能由正常经济生活所驱使的金钱利益。为此，他们建立“单独领域”作为解决问题的方案，由企业负责商业领域，受保护的领域则只允许非营利组织和政府进入。

亲商务与反市场的观点看似天壤之别，不过，它们有一个

① 引述于阿德里安·沃克于2000年3月20日在《波士顿环球时报》上发表的《养父母理应加薪》一文。

共同的基础。无论你喜欢与否，这些观点都认为，一个货币化、公司化、全球化和市场依赖型经济的根本驱动力与道德问题毫无关联。

我意识到，并非每个人都有时间（或有兴趣）来阅读这本书的全部内容，那么就让我直切主题，以下是本书的基本论点：

- 认为经济制度是根据非道德法规运行的无生命机器的观点，是一种信念，而非事实。
- 该信念对地球上的生命，对人类社会，尤其是你，均具有不良影响。
- 经济体系是富有活力的、有生命的、人为的，并受我们道德选项的影响，理解这一点有利于我们改善决策，不管这些决策是个人的还是社会的。

不过也许你的第一个问题简单了些："为什么我要听你的？"毕竟，世界各地著名的经济学家和其他社会科学家都在讲授"经济规律"，而且这样做听起来很有思想，很严谨。你可能坚信，当代经济学正确地描述了"驱动"市场经济体系的"机制"。您可能会认为，除了经济上的自我利益之外，其他价值观与商业无关，而是属于家庭、宗教或慈善事业等领域，或者属于一些完全不同类型的经济体系。此时此刻，在你看来，将经济学视为有活力且充满伦理意义的另一种选择可能听起来会有点软弱无力。

更有可能的是，如果你正在阅读本书，你会相信当代经济学中发生的一些事情对地球生命和人类社会是有害的。也许你会目睹当前的经济体系在许多领域中往往表现出严酷性、不可持续性和不公平性。你怀疑你在大学里学到或看书、听新闻学到的亲市场经济学不可能是全部内容。

有可能，你听过一些“另类”经济学的声音。也许你已经被这种观点说服了，比如在获奖的电影《公司》中提出的“盈利是病态的”[①]。不过，当不同的批评者各自认定不同的“结构”或“机制”最需要修补时，你可能会感到困惑。（问题的核心是金钱？是全球化？是技术？是企业章程？是规模？还是所有权规则？）或者当这些讨论结果显得过于悲观，或仅提出乌托邦式的解决方案时，你可能会对此失去兴趣。

或者，你可能在一家公司工作或领导公司，不知道自己

① 引述于乔尔·巴坎、马克·阿奇巴尔和珍妮弗·阿伯特于2003年编导的纪录片《大企业》，该片由时代精神电影发行。

是否应该对此感到内疚。也许你深深感受到自己的道德责任，并希望你的工作为社会公益做出贡献。然而，你难免会注意到你的组织有时会对社会造成伤害。你可能是企业社会职责的倡导者，但不确定如何捍卫自己的观点。保守者认为企业不需要以社会职责为己任，于是他们把你看作幼稚的行善者。与此同时，市场批评者认为企业永远不可能负责，因此他们指责你背弃原则。与那些基于严格的、系统化分析的观点相比较，你的“职责”观点似乎是中庸的，模棱两可的。

即使你在一家非商业机构工作，你依然无法回避这些问题。我工作的公立大学管理部门（与许多其他公立和私立部门一样）越来越多地采用企业风格的措辞来表达“效率”。它效仿类似规模企业的做法，创建一套高层领导薪酬方案。作为非营利或公共机构的身份，似乎并不能阻止高等教育将其历史上广泛的、服务于社区的目标重新定义为对学生“消费者”的“教育服务营销”。我们该如何处理这个问题？

或者你可能在公共事业部门工作，想知道为什么你的工作需要你做出个人财务牺牲。你可能主张为从事教育、医疗或育儿工作的人加薪，但却很难反驳这类工人“不应该为钱而工作”的说法。你要的是经过深思熟虑的、有弹性的论点，这些论点可以应用到现实生活中，你希望使用这些论点来表达你的不满和希望。

因此，你可能想聆听我在本书中所讲述的内容（至少在某些问题上），原因之一是，我必须承认自己是一名专业经济学家。我拥有经济学博士学位，曾受过政府的聘请，并在备受尊崇的经济学系担任终身教职。作为教学工作的一部分，我在专业期刊上发表过论文，其中包括该学科的顶级期刊。[①] 我教过二十多年的本科和研究生的经济学课程。必要的时候，我可以与同事讨论高深的经济学话题。换句话说，我走南闯北，见多识广，十分清楚经济学内幕。

然而，当我涉足经济学时，我带来了另外两个重要的观点。一个是精神上和道德上的敏感性，以及对贫穷和匮乏的关注。另一个则指我是女性这一事实。从传统上看，经济学和商业是由男性主导的领域，而女性一般主要从事照顾孩子以及家中病人和老人的工作。

---

① 对于那些重视这些事情的读者而言，研究生院是威斯康星大学麦迪逊分校，政府机构是美国劳工统计局。授予我终身教职的第一个单位是加州大学戴维斯分校（该校的经济学系是全美排名前三十名具有博士学位授予权的单位），第二个单位是马萨诸塞大学波士顿分校（在这里，我晋升为正教授，并担任系主任）。（我辞掉这两个教职的原因将在第五章中解释。）我曾在《计量经济学》《美国经济评论》《政治经济学杂志》《经济视角杂志》《经济学与统计学评论》《经济文献杂志》《经济调查杂志》等杂志上发表文章，并撰写或合著了多本书籍。

如果我尝试根据求学期间所学过的知识来过自己的生活，那我必须将人格分成三部分。如同威廉·鲍莫尔一样，身为经济学家的我也不得不佩服经济机器的美妙之处。为了捍卫道德标准，我必须像大卫·科滕一样，反对庞大经济机构所带来的不公正。作为女性，我需要像政府官员一样，在庞大的非个人经济生活工厂中努力为个人关注开辟自己的天地。我决心不过这种分裂的生活，这正是促使我撰写本书的原因。

为了简化起见，我在本书中倾向于使用“伦理”一词，作为对我们对其他人和其他生物（包括现在和未来），特别是对那些需要帮助的人的责任道德决策的关注的简写。尽管本书可能涉及（在更有限的程度上）道德的其他重要领域（例如公平或忠诚），但我们的理念是我们应该关心需要帮助的人，避免造成伤害。该理念与传统上认为经济是“由”自身利益“驱动”的观点形成了最鲜明的对照。[①] 从黄金法则到好撒玛利亚人的故事，从观音菩萨形象（慈悲菩萨）到陌生人的殷勤好客，从康德伦理学到罗伦斯伦理学，各种各样的宗教和哲学传统思想

① 社会心理学家乔纳森·海特在《正义的思想：为什么好人被政治和宗教所分裂》一书中描述了好几个道德领域（该书于2012年由纽约市复古公司印制）。除了本书重点内容关爱/伤害外，他还描述了有关“公平/欺诈，自由/压迫，权威/颠覆，以及神圣/堕落”等领域。

都在教导我们要重视我们之外的利益。

不管我们作为消费者、公民，还是工人或管理者，我们均与企业和商业生活息息相关。我们应该具有道德责任。我们年幼时、生病时或年老时，需要别人的关爱，而我们中许多人，无论是男人或女人，均有责任向困难者伸出关爱之手。我相信，通过仔细研究社会科学中某些陈旧隐喻和形象的使用历史，我们可以看到，经济利益和伦理价值在本质上并不是相互分离或对立的。

首先，我将从经济优先并淡化道德的一方提出这个问题。第一章“照料身体”，追溯了经济学的历史，从早期对身体供养的关注，到亚当·斯密提出的机械意象，再到当代大众和学术界的经济讨论。本章的目的之一是要表明，机械主义的、非道德的、钟表经济的隐喻有其特殊的历史根源，从而对人们普遍认为它是直接揭示真理的印象提出质疑。本章另一个目的在于表明，无论是显性的还是隐性的价值观，均在过分乐观的亲商务世界观中扮演着重要角色。这些价值观中有些是可以肯定的，而另一些，我认为，应该仔细地重新审视。

然后，我将把话锋一转，从那些优先考虑道德和谴责（或试图孤立）他们认为的“经济价值”的人的角度来看待这个问题。在第二章“抚慰心灵”中，我追溯了 20 世纪初社会学和哲学中“批判”观点的发展历史。这段历史表明，市场批评者的观点远未反映出一种截然不同的视角，而是建立在 18 世纪与亲商务观点相同的隐喻之上。与亲商务观点一样，无论是明确的还是隐含的价值观，均在定义反市场批评者的方法方面扮演着重要角色，虽然有些可以肯定，但我将表明，其他价值观可以受到合理的质疑。

第三章“灵肉合一”表明，社会科学（以及由此产生的许多公众话语）未能充分整合经济学和伦理学的原因在于，它们未能质疑经济作为机器的隐喻形象。我阐释历史和心理因素如何赋予隐喻不同寻常的（通常是无意识的）力量。我建议，充满活力的隐喻将经济生活的供应和伦理层面结合起来，可能会更加有用。一旦抛弃机械隐喻，转而采用那些突出经济需要关注和精心照料的隐喻，我们看到，“亲市场”和“亲伦理”的人们可以在一些合理价值上达成一致。在当今政治分歧严重、信息泡沫分离以及愤怒情绪日益高涨的时代，我们需要实现所有我们能达成的协议。

接下来两章将研究一些由机械观念产生的关于个人动机的许多扭曲的或根本不真实的信念。第四章“爱与金钱”探讨了护理或育儿工作中的动机和人际关系问题。人们可以做有爱心的工作，也可以合法地从事“赚钱”的工作吗？有人说，社会科学对这些问题的回答是否定的。对此我表示质疑，因为“爱或金钱”的思维具有误导性。大量的证据表明，“爱与金钱”是一种重要的、现实的可能性。第五章“金钱与爱”从反面探讨个人动机问题：从事“正规工作”的人，除了金钱之外，还能有其他动机吗？公司是否录用某人作为“后备人才”，同时却将他当作普通人来看待？撇开经济学的教条不说，有大量证据表明人类的动机是复杂的，这种复杂性不能仅仅因为工人或老板的雇佣关系确立后便不予以考虑。

第六章“商业与伦理”将研究组织层面出现的事实问题。法律规定或市场压力是否会迫使公司实现利润最大化？公司的本质不就是实现股东价值最大化吗？这些都是广泛存在的信念。然而，对成文法、判例法和许多实际行为案例的审查表明，这些信念是错误的。对于很多公司而言，真正合乎道德的行为与合理的获利能力本质上并不冲突。在商业世界的部分领域中，短期主义和机会主义行为的压力越来越大，事实上，不良的经济理论滋生了这种压力，特别是不良的监管选择助长了这种压力。不过，不良行为并非“必要的”特征，相反，是选择的结果。

第七章“服务及其局限性”将深入探讨非营利组织、政府和福利公司。上述组织通常被认为是传统营利企业的替代者，或者高层次的控制者。非营利、公立或明确为公共服务的企业难道不是管理具有关怀和个人层面活动的自动选择吗？有人说，社会科学对问题的答复是肯定的。然而，虽然这些机构可以发挥相当重要的作用，但道德行为并不是由非营利或公共部门的身份或由特殊公司章程中的文字来保证的。这意味着，这些组织也需要认真监督。

现在有证据表明，以化石燃料为基础的经济正在破坏我们地球气候的稳定，这是无可争议的。第八章“经济与环境”将研究经济福祉和生态可持续性之间的表面冲突。要在这个问题上取得进展，我们必须重新建立关注经济的道德基础，并在此基础上，重新定义有关经济成功的概念。本章主张一种务实的理想主义，调动经济和公共生活的所有部门为全球生存服务。

最后，第九章“保持灵肉合一”，总结了我们作为公民、工人、父母、雇主及（或）投资者的行为。具有讽刺意味和有悖常理的是，认为护理工作与经济生活其他方面不同且需要受到保护的谬见，导致了动手实践的卫生保健、早教和社会服务部门被剥夺了至关重要的经济资源。反常和令人啼笑皆非的是，认为公司不可能有道德的错误观念，使它们免于承担社会责任，造成了对不当行为的纵容态度。若我们要生存和繁荣，无论是作为物种还是个人，我们均需要团结一致，同心协力，共同努力。

1 CHAPTER

照料身体经济学的历史

经济学的开端

有关生活的一部分是“经济的”观点的历史渊源悠久。经济一词来自希腊语 oikos（意为“房屋”）和 nomos（意为“管理”）。据《牛津英语词典》的考证，经济一词早期在英语中的用法出自这样一个短语“Doth employ her Oeconomick Art … her Household to preserve（1697）”。其意思是，为了维护家庭生存，好的家庭管理者必须为家庭提供食物和其他生活必需品。

在人类历史上的大部分时间里，大多数人的家庭经济主要是自我供给，任务由缓慢变化的习俗来安排。统治阶级中的少数人用土地和黄金来衡量他们的财富。经济首先涉及物质供给，其次可能是为供养统治阶级提供税收。那时，商人阶级的力量还很弱小。

工业革命始于18世纪中叶的英格兰，它使一切发生了翻天覆地的变化。随着工业革命的不断推进，工厂生产的组织和工厂生产的商品市场的发展为供应关系带来了全新的模式。货币和市场的使用范围扩大了，工资性就业变得越来越重要。金融资本和有形资本在维持工业生产方面所发挥的新作用，使原来基本停滞不前的局面转变为大规模的持续变化。人们越来越多地将财富与商业生产和利润挂钩。欧洲国家与其殖民地之间的贸易蓬勃发展。新的阶级形成了：一方面是企业家和工厂主，另一方面，则是雇佣工人。

经济学的"古典学派"产生于理解这些新兴关系的愿望。苏格兰哲学家亚当·斯密（1723—1790）是迄今为止最著名的古典经济学家，他对财富创造过程极为着迷。正如他于1776年所写的那样，他希望探讨社会是如何为人们提供"生活必需品和便利"的。[①] 斯密的见解——有关工厂制度如何利用劳动力的分工和专业化的问题以及资本和市场所扮演的角色——为理解资本主义的新经济体系奠定了基础。

然而，古典经济学在工业革命时期兴起的事实，不仅影响了人们所研究的内容（资本主义工业体系），而且影响了人们理解它的形式。工厂兴起的时代是机器发展的时代，而机器发展的前提是更早一些的科学技术的萌芽。

---

① 引述于亚当·斯密于1776年编著的《国民财富的性质和原因的研究》，即《国富论》；节选自罗伯特·L.海尔布隆纳主编的《亚当·斯密要义》一书的第159页，该书于1987年由纽约W.W.诺顿公司印制。

这是一个认识世界的基本方式发生变化的时代。直至16世纪的欧洲，有关人与自然关系的主要观念从根本上说具有宗教色彩，或者有迷信成分。人们觉得自己置身于一个活生生的宇宙之中。播种、庄稼收割或在地下搭起矿井等均需要举行相关宗教仪式。我们可以概括地说，供养活动贯穿着对神圣的理解，对地狱的恐惧使人关注每一种行动的道德含义。有关学术研究主要是探讨宗教文本。

不过，从伽利略（1564—1642）的早期力学研究开始，通过勒内·笛卡儿（1596—1650）的哲学和数学阐述，最后到艾萨克·牛顿（1643—1727）的巅峰之作，有关世界是一个巨大发条装置的观点得到了长足发展。人们认为世界的物理方面可简化为根据定律和数学来描述的组成成分和力。牛顿的第二运动定律用简洁的演算公式概括了力、质量和加速度三者之间的关系。科学的兴起，促进了技术革新，导致了工业化。它还从根本上改变了人们对物质世界的看法以及对知识的思考方式。

毫不奇怪的是，亚当·斯密使用当时流行的机械论比喻来描述18世纪的经济和政治生活。他写道：“权力和财富是巨大的、可操作的机器。”他接着说，“政治机器的轮子”，只要人们注意到“其几个部分的联系和依赖性”，就可以使其和谐地运动。[①]

正如本书前言所提及的那样，斯密因其一篇文章而声名鹊起，在该文章中他似乎暗示，个人对自身利益的追求，通过一种自我调节的市场制度机制，可以转化为对他人利益的服务：他写道，“我们期待的晚餐，并非源自屠夫、酿造师或面包师的恩赐，而是出于他们对自身利益的考虑”[②]。他指出，出于自身利益而行事的个人在市场上会被一只无形的手“引导”到对社会利益的促进上。[③]仔细研读斯密的著作，你会发现，他既关注道德问题，又看到商业监管的重要作用。不过，历史遗产通常与历史人物关系不大。斯密的这些观念使后人将其誉为自由市场经济学的创始人。自从斯密提出这些观念以来，利己主义一直被视为推动经济生活“齿轮”的“动力源泉”。

从当代的视角来看，很难相信，早期的科学家和经济学家居然普遍认为（或者至少认为，鉴于他们那个时代的教会力量，没有承认）科学与宗教和哲学所涉及的各种问题之间不存在任何冲突甚至断裂的主题。对于大多数启蒙思想家而言，自然作

---

① 引述于亚当·斯密于1759年编著的《道德情操论》（D.D.拉斐尔和A.L.麦克菲担任该书的责任编辑，该书为牛津克拉伦登出版社于1976年印制的版本）第182页、第185页和第186页。

② 引述于亚当·斯密编著的《国富论》第一册第二章。

③ 引述于亚当·斯密编著的《国富论》第四册第二章。

为时钟的概念与“上帝作为钟表匠”的概念一样不可分割。他们认为，世界既可以是机械的，也可以是充满目的和价值的。

但是，后来的科学家和哲学家日益注意到，事实上，对发条装置的研究似乎在没有任何目的、价值或伦理的概念下也能顺利进行。于是，发条装置观念与科学工作变得越来越不相关。达尔文进化论加速了这一过程，它提出一种机制，而非一劳永逸的神圣设计，来精心制作发条装置的活体部件。经济学家也走上了同样的道路，越来越将其工作看作是对经济“机器”运行的“动力”和“机制”的客观研究，而非与道德或精神性质的问题有任何关系的研究。

当代亲商务观点

如果你遇到当代亲商务、亲市场以及支持资本主义的观点时，通常你会发现最优先考虑的是列表 I 中所载列的价值观念。

列表 I

- 生产支持生存和繁荣的商品和服务。
- 创造就业机会。

- 自我支持和财务上的自我负责。
- 在享受生活中创造、创新和成长的机会。

换言之，这种观点肯定了过去200多年来资本主义市场经济带来的物质财富的巨大增长。盈利企业的支持者认为，相对自由的市场经济所提供的机会和竞争纪律是这种繁荣背后的动力。企业领袖常常理直气壮地为他们提供的商品和他们的企业所创造的工作岗位感到自豪。他们往往真诚地相信，只要每个人愿意工作，经济就会为每个人提供获得良好收入和对社会做出贡献的各种机会。他们高度重视实现自主性和主人翁精神。亲商务支持者认为，那些不仅工作而且敢于创新并承担风险的人往往可以得到优厚的回报。有不少人认为商业活动是“价值创造”，即为客户、工人、供应商、社区以及股东创造利益。

仅凭这一点，即使你不同意将其与特定经济制度联系起来的思想链，也很难完全否定列表Ⅰ中的价值观本身。无论你的理想制度是公司资本主义还是其他（也许是社会主义或更小规模的）经济体制，对列表Ⅰ中的项目进行评估似乎都没有什么积极意义？为了生活并快乐些，难道我们不需要一些商品和服务吗？如果我们失业了，难道我们不感到痛苦吗——往往是心理上的，感觉自己无用，还有经济上的。人们“尽自己的力量”，以某种方式在他们力所能及的范围内为社区做贡献，难道你不认为这是合适和公平的吗？我们很多人不是经常渴望在工作生活中能有一个创造性的出路吗？我想，这种观点所倡导的价值观，只要我们认真思考，在一定程度上都是可以认可的。

当倡导者认为所有这些好东西都是由市场体系的自动运行产生时，亲商务价值观便成为亲商务意识形态。也就是说，他们从亚当·斯密的那几句评论中得到启发，认为不需要直接处理伦理问题：市场“无形的手”会使贪婪之心改邪变善。他们认为，自由市场体系本质上是公平的、择优的，可以公正地奖励那些最富有成效的人。一些商业领袖和学者的思维相当复杂（我将在第三章讨论他们的工作），但是目前大众话语中充斥着对市场的狂热正是这种简单化的表现。如斯密指出的那样，“政策的完善、贸易和制造业的扩张，都是高大上的目标。我们乐于看到如此宏伟和完美的制度，如果我们不排除干扰或妨碍正常执行制度的任何障碍，我们就不会安心”[①]。

许多当代自由市场的倡导者力图消除的“障碍”，包括政府的金融和环境法规、商业税以及对国际贸易的限制，他们认为这些会拖累财富的创造。他们还反对重新分配的税收和社会

① 引述于亚当·斯密编著的《道德情操论》第185页。

福利支付，因为他们认为这样做会显得从个人努力到个人回报的机制不够完善。由于假定每个人都会自动获得“公正的报答”，所以低收入和贫困可视为自卑、懒惰或错误选择的标志。尽管自由市场的倡导者可能承认私人慈善机构的作用，不过，通过税收和转移支付来照顾未满足的需求被认为是对那些辛勤工作的人不公平，并被认为此举会助长受助者的依赖恶习。即使企业有意承担社会责任的行为，也可能被认为是在添乱，因为这些行为分散了企业追求利润的精力，而利润则是世界上最美好的东西。在他们看来，贫穷、失业、社会苦难和环境破坏并非由于系统的运行，而是来自在其道路上设置的障碍。他们认为，消除政府“干预”和其他障碍，自由市场体系将为所有人创造财富。

在我讨论这种流行的世界观是如何受到学术经济学的支持之前，我先花些时间解释一下这些亲商务人士如何看待他们的批评者。他们倾向于将任何质疑自己论点的人看作是不切实际的理想主义者，他们没有认识到经济创造的价值，即列表Ⅰ中所载内容的价值。他们认为你未能充分理解经济是如何使许多人摆脱贫困的，或者你是一个不勤劳的人，也许是吃麦片的嬉皮士，不愿意承担自己的重担。你希望经济成果趋于平等的愿望触犯了他们把公平看作理所应得的观念。

如果你身处学术象牙塔或宗教或服务型非营利机构的神圣殿堂，他们可能会（也许出于某种原因）认为你很幼稚。在那里，你依靠税收或捐赠筹集的资金生活，与喧嚣的实际商业世界完全隔绝。

如果你不同意列表Ⅰ的项目的优先级，则他们认为你必须表现出列表Ⅱ中的特征。

列表Ⅱ

- 对商品和服务供应的消极态度。
- 超凡脱俗，很少关注实际需求或约束。
- 财政上不负责任，导致依赖性。
- 对金钱和权力的恐惧。

一些企业集团对学术机构和院系表示愤怒，他们认为这些机构和院系是左倾，头脑呆滞，离经叛道，反商业（以及在该国“反美”）知识分子的温床。列表Ⅱ中的特征通常在他们的投诉清单中发挥作用。商业领袖认为这种冲突是两种价值观之间的冲突，一种是改善人们生活的活动和供应，另一种则是懒惰和理想主义的空想，后者低估并破坏他们所取得的成就。

毋庸讳言，许多亲商务人士贬损其对手，是无法为双方对话奠定良好基础的。但我的人生经历，督促我要寻找更合适的方式来思考经济生活。

步入经济学领域

从小到大，我都不知道自己能成为一名经济学家。20 世纪 60 年代初期，那时我还是一个小女孩，我的梦想是当一名芭蕾舞演员。读大学时，我无意间选修了经济学。有一段时间，我根本不能确定自己是否会上大学。

我母亲在 20 多岁时得了类风湿性关节炎，到我读小学时，她只能靠拄拐杖行走。我的两个姐姐，则分别承担了帮母亲穿衣、购物、给家里做饭、跑腿的日常工作。当姐姐们都去读大学后，照顾母亲的工作便落到我的头上。不过，考虑到我是家里的老小，如果我去外地上大学，那谁来接手呢？事实证明，我的教育问题不是父母愿意妥协的话题。于是，家里请一位女性表亲来接替我的工作。因此我得以脱身，前往明尼苏达州圣奥拉夫路德教会学院读书。

在计算机尚未普及的时代，所有大学新生聚集在新体育中心一楼报名注册，这是司空见惯的事情。学校搭起折叠桌，并使用定位销在每张桌子上竖起一块纸板，上面标有院系的名称。每张折叠桌后的黑板上标有已经满员的班级。我在本应列出专业的表格上写下了“未定”，学校就武断地分配一位历史学家做我的导师。我坐在他对面一张冰冷的金属椅子上，面前是一张空白的报名表。我们轻松地填写了符合数学、宗教和语言要求的课程。

“你对社会科学有什么要求？”导师问道，“你对什么领域感兴趣？”

我答道：“我对心理学有点兴趣。”不幸运的是，心理学导论课因选修人数已满，停止选修。

“我认为你会喜欢经济学的。”我的导师一边说，一边半推半拉地将我拽到经济系的桌子旁。所有适合我日程安排的导论课程的选修人数都已经满员了，看到这些我感到一丝欣慰。过去，我常把经济学与商业，商业与贪婪联系在一起。作为路德教会牧师的女儿，选修经济学不符合我的价值观或我的自我形象。但是，教经济学入门课程的教师是导师的朋友。因此，尽管适合我的日程安排的经济学课程选修人数已满，但经过他们之间的一番磋商，我发现自己居然以替代方式登录了该课程。

和这所教会学校的许多其他学生一样，我进校时，也渴望将来从事某种服务职业。圣奥拉夫学院培养过许多医生、护士和牧师。我的父亲也曾希望我读医学预科，将来好做一名医务传教士。我对学医并不十分赞成，但原则上却被它所吸引。圣奥拉夫学院的经济学教授大都和蔼可亲，富有人情味，且很聪明，他们认为讲授这门课程是与这些价值观相吻合的。我发现经济学是一门社会科学（一种从广义上理解人类社会行为的组织方法）后，开始摒弃将其与商业管理联系起来的看法。我认为，也许这将有助于我为解决全球贫困问题做出贡献。当时，我曾萌生一种模糊想法，也许不用去学医，我就可以弄清为啥贫穷国家的好医院这么少，以及如何改变经济体系来提高人们的健康水平。此外，我喜欢经济学研究，因为这可以运用我在数学上的天赋。

于是，我开始了学术经济学的研究生涯。

学术经济学的发展

学术经济学家高度重视经济学的机械隐喻。约翰·斯图尔特·米尔（1806—1873）主张，经济学家必须将对财富生产的认识建立在“人性规律”的基础上，该规律等同于研究物理力学的科学家所创立的“运动规律”。为了将经济学作为一门科学来实践，米尔认为，经济学家假设对人的任意定义是非常有用的，“因为人不可避免地要这样做，这样他才能以最少的劳动和最低的自我克己代价获得最大的必需品、便利和奢侈品，或者他可视为一个渴望拥有财富并具有胜任能力的人，可以判断实现该目的手段的相对效力”[①]。这个概念后来被“经济人”一词所概括。“经济人”是一个只对自己的物质或经济利益感兴趣的个人理性计算者。

19 世纪后期，一些学者开始用数学术语来表达斯密和米尔的思想。最早的“新古典主义”经济学家包括弗朗西斯·埃奇沃思（1845—1926），威廉·斯坦利·杰文斯（1835—1882），莱昂·瓦尔拉斯（1834—1910）和维尔弗雷多·帕累托（1848—1923）。与“奥地利”经济学派的创始人卡尔·门格（1840—1921）一道，他们试图解释的问题之一是什么决定了市场中商品的价格。他们拒绝早期用生产成本来解释这些问题的观点。他们提出“边际主义”概念，即市场价格由理性的、自利的消费者和公司的相互作用所决定，双方各自仔细研究他们从生产或消费额外单位的商品中所获得的利益。新古典主义

① 引述于约翰·斯图尔特·米尔编著的《关于政治经济学的一些悬而未决的问题的论文》第二版，第五篇的第 38 节和第 46 节。该书由伦敦的朗文·格林·里德 & 戴尔出版社于 1874 年印制。

学派创始人在理论上认为，在做出家庭购买决策时，考虑到家庭可用于消费的资源，需要将代表他们从中获得“效用”（满意度）的单一数字提高到可能的最高值。同样，商业公司也被看作是“经济人”，只是他们不是最大化效用，而是最大化利润，即收入和成本之间的差额。显然，新古典主义经济学家直接从机械物理学的早期发展中借鉴基于微积分的模型，将家庭和公司的决策表达为受约束的数学函数最大化问题。

根据设想，公司和家庭在自由竞争的市场上进行互动，在该市场上只需要交流买卖要约。要约将采用货币价格和实物数量的配对数值形式。交易发生时的价格和数量将自动由市场力量所决定，并在供需“法则”规定的水平上结算。经济学里的一些概念与物理学概念很相似，比如利润、效用、价格，它们可以比作各种物理粒子，其升降受到市场互动的非人为因素的影响。

将人类行为的分析纳入这些数学模型中，这与斯密早期对发条经济的描述完美契合。当人类被重塑为机器人，而机器人的行为可以用简单的数学公式来描述时，经济作为非个人的、像机器一样的实体概念就得到了印证。20 世纪 30 年代，经济学家莱昂内尔·罗宾斯提出了具有开创性意义的经济学定义，即经济学是一门面对无限需求和匮乏资源时所做出的决策科学。在学术经济学范畴，强调财富及其创造和分配的古典主义经济学日益被强调理性选择演算的新古典主义经济学所取代。

斯密声称，自动运行的市场服务于社会公益。令人始料未及的是，现在连这一主张也被新古典主义经济学家在数学上证明是“可行的”。正如人们期望的那样，经济学分支“福利经济学”不研究政府计划，而是研究关于何种经济安排有助于社会福利最大化的抽象理论。用外行人的话来说，所谓福利经济学第一基本定理是指自由市场经济给予我们所有尽可能好的条件。该定理表明，对自由市场现状的干预只能导致社会伤害。[①]于是，新古典主义经济学理论从学术方面正式支持公众和媒体讨论中所倡导的自由市场观点。

如今，大多数欧美（以及许多其他国家）大学的经济学核心课程均基于这种新古典主义经济学模型。本科生学习新古典主义经济学理论时，通常都天真地认为，他们学习的经济学知识都是基于经济学家多年来对实际企业和家庭的深入研究的成果。不幸的是，事实远非如此。相反，他们所学的基础仅是一套数学实用假设，以及斯密对机械驱动经济的比喻。经济学的

① 在本章的下一节中，我将研究这个定理背后的一些假设。

初学者通常先将学习一些规则，例如“将边际成本设置为边际收入”。到较高级和研究生阶段，经济基础模型才变得清晰起来。如果学生掌握了微积分，教师可以引入实际数学函数，推导出学生先前记忆的规则。经济学以一种极客的方式，使一切都显得那么简洁和雅致。

除了这些“微观经济学”理论的核心教义外，学生通常需要学习一些“宏观经济学”理论知识（与通货膨胀、失业和经济增长有关的问题），以及一些对数值数据经验性分析的技巧。有时，一些核心假设（例如，关于经济主体的合理性）有点牵强。然而，即使在这些著作中，有关经济是机械的、由自我利益驱动、可以用类似物理学的方法来研究的基本假设也依然存在。如果经验研究的新理论和新方法可用一种特定数学分析来表达的话，则可将它们纳入“经济学”范畴。①

机械比喻在学术经济学中根深蒂固，以至于其作为特定比喻的地位（看待事物的特定方式）很少遭到人们的公开质疑。

① 在讨论“核心”理论时，我将省略提及其他经济思想流派，其中包括（旧）制度主义经济学、社会经济学、女权主义经济学、生态经济学和奥地利经济学，因为尽管这些流派有其独到的见解，但在当代学术界或大众对经济学的讨论中，其追随者相对较少。很多主流经济学家会认为我对这门学科的描写过于鲜明，指出新古典经济学家自发明核心模型以来，已经在很多方向上进行了延伸。这并不能影响我的观点。（转下页）

基于机械论的经济学通常不是作为一种看待经济的方式来考虑与其他可能性的关系，而是作为市场经济运行方式的核心的直接“真理”来呈现的。毕竟，提出对它的挑战就是对“人性法则”的质疑！

如今在许多人的眼中，经济学与伦理学的分离似乎相当自然。对于我的主流经济学家同僚而言，经济学是一门积极的科学，它寻求理解经济体系的基本机制。在他们看来，伦理学似乎是一个软性的、主观的话题，必然包含着价值判断和模糊性。在他们眼中，伦理学并非一个“硬”的领域，就像他们自己研究的领域一样，而是从客观的、“无价值的”前提出发，然后有逻辑地得出清楚、准确和可辩护的结果。大

（接上页）只要查阅本科生和研究生阶段的全部“核心”课程，就会发现，最简单形式的新古典模型仍然被认为是建立在其他经济学基础上的。另外，即使新古典范式以新的方式（如行为经济学或新制度主义经济学）进行扩展，新增加的内容也往往只是对基本机械隐喻的修改或“调整”。例如，最近几年，经济学界对情感的神经生理学的兴趣越发浓厚。潜在的是，这种经济学和心理学之间的对话可以使人们重新关注人们的身体、个人和社会价值，以及复杂的、进化的行为。但相反，心理学信息却常常被吸收到理性选择的模型中，强调情感如何可能造成人们在理性效用最大化的过程中犯“错误”。正如我在《性别与冒险：经济学，证据和答案为何如此》（2017年由纽约劳特里奇出版社印制）中所记录的那样，行为经济学还被用来（错误地）强化关于偏好的刻板印象。在该书和我的其他更多学术著作中，我研究了当代经济学的许多不同的方面。不过，在本书中我的观点是研究核心隐喻。

多数经济学家认为，经济科学可以在不关注伦理学的情况下顺利发展。

学术经济学的价值

正如我前面提到的，商人之所以经常为资本主义辩护，是因为他们高度重视供应，创造就业，自力更生和创新。那么，学术经济学家机械建模的价值基础是什么？

大多数新古典主义经济学家不愿意承认他们的分析完全基于价值。他们认为自己的核心模型可用来直接指导不同程度的公共政策。事实上，许多人并不赞同自由市场民粹主义者提出的政策。与其说是政治上的忠诚，不如说主要是为了实现数学上的优雅和物理学上的模仿“科学性”，引导着学术界对机器隐喻的阐述。

以米尔为例，我列举出一个明确的例子。他是一位博大精深的哲学家，当然清楚人们不会像一般“经济人”那样狭隘。但是他主张在经济学中使用这种假设，因为在他看来，经济学作为一门科学，最好是通过使用明确的假设和推论来发展。只要翻阅前面提及的福利经济学第一基本定理中的一些“难懂的条文”，我们便明白，重视纯粹演绎和数学方法对于经济学的发展壮大是多么的重要。

大多数人可能认为，社会福利标准应该包括诸如满足人们基本生存需求和不破坏地球维持生命的生态过程之类的内容。但在新古典主义经济学的世界中，事实并非如此。由于经济学家希望尽可能地保持经济学的“客观性”和“无价值性”，他们采用一种相当怪异的社会福祉或福利概念。他们竭尽所能避免任何所谓的“主观”标准，担心如果他们一旦做出“价值判断”，就会玷污他们的“科学”。

例如，这个经济学派声称，从科学的角度来看，“需求”和“需要”是无法区分的。例如，如果世界上有这么多人没有牙科保健也能过日子的话，谁能说牙科保健是一种“需求”？由于无法在需求和需要之间画出清楚、科学的分界线，新古典主义经济学完全摒弃了“需求”概念。同样的道理，人们也将有关对环境、消费模式健康性或收入分配公正性的担忧束之高阁，因为针对这些问题人们有时会有不同意见。尽管有关企业权力对福祉的影响、媒体广告、殖民主义历史、错误信息和不诚实的问题，以及许多其他因素同样需要放置一边，但是，一个有思想的人在评估一种经济制度绩效时，必须考虑上述因素。

新古典主义模型中的福利或福祉标准，已被简化为单一的、狭隘的资源使用效率问题。估计每个人都会同意，从指定的资源集中获得最大的价值（高效）要好过获得较少的价值。因此，经济学家认为，最大限度地减少浪费是一个可以用“客观”和“科学”的理由来捍卫的普世原则。[①] 所谓的福利定理仅仅表明，完善的“自由市场”功能可以产生有效的结果。如果再次翻阅“难懂的条文”，我们注意到，它对市场复杂和混乱的情况下会发生的事情只字未提。这说明，它完全忽视了诸如父母对子女的照顾或生态系统服务之类的非市场活动，从而对公正、健康、生存或可持续性等问题置若罔闻。

人们只需简单地设置模型，就可以假定所有“科学上”不合理且在数学上难以处理的东西都被排除在外。新古典主义经济学通过尝试创建一种“无价值”或“客观”的方法，以便于运用数学进行处理，但事实上，它由于疏忽而贬低了对人类需求、正义和可持续性的关注。

---

① 这就是所谓的帕雷尔最优准则。由于该“最优”准则不能排除贫困或不公正，并可能导致受骗人认为是极不理想的结果，因此，该准则最好改为“帕雷尔效率”。

忽视人类需求

因此，奇怪的是随着学术经济学转向强调“经济人”及其计算结果，原先强调的针对现实人类的供养就变得越来越少了。我本来希望，在进入经济学研究时，能找到一些与贫困问题相关的知识。但是，经过我多年的研究生教学，我发现的却是有关基于机器隐喻的无休止的数学阐述。

那么，人类在当代资本主义社会中的实际表现如何？查看一下相关证据，你会发现许多人对市场运作自动带来社会福祉的观点表示怀疑。虽然很多人从中获得了收益，不过，你越富裕，越有可能从市场体系受益更多，但越有可能只看到市场体系的良好一面。其实，据世界卫生组织介绍，每年全世界仍有约 250 万儿童死于与营养不良有关的疾病，其中大部分在南半球的国家。你只要阅读一下商业新闻，就会发现世界各地的公司在滥用职权，其中包括不人道的劳工标准。2013 年，孟加拉国拉纳广场服装厂房的坍塌，造成一千多名工人死亡，世界为之震惊。环境破坏、暴力征地、侵犯人权和腐败有时会成为全球主流新闻。当它们没有成为主流新闻时，企业观察之类的组织也会对其进行跟踪报道。尽管全球军火贸易一片欣欣向荣，但背后却是其所造成的压迫和战争的悲剧。

言归正传，2008 年的金融危机暴露了，雷曼兄弟、美林和高盛等金融巨头的行为是不负责任和不诚实的。在美国，许多人都经历过房屋“资不抵债”，抵押贷款债务超过销售价格，当地小企业因缺乏信用而倒闭，以及社区因丧失抵押品赎回权而遭受重创。与此同时，除了最富裕的美国家庭外，所有家庭的收入都停滞不前，工业就业率的下降使美国许多地区陷入经济萧条。因失去希望而引起的痛苦和绝望更加剧了健康危机，造成因服用阿片类药物过量死亡的人数急剧上升。然而，卫生保健是美国人中另一个极度不安全的领域。有关保险、价格、承保范围和医疗保健债务的政策波动，使大多数美国人不确定当他们需要时是否有能力支付医疗保险。此外，育儿和养老费用，以及对护理质量的担忧，也增加了美国家庭的压力。

如果这还不足以说服我们忽略了我们的供应需求，那么环境破坏问题将超越任何国家经济问题。政府间气候变化专门委员会和许多其他科学家警告我们，全球气候变化是真实存在的，这主要是由我们基于化石燃料的经济增长所招致的。我们现在听说，南极洲的冰盖融化速度远远超过预测。

一些经济学家甚至开始考虑这样一个观点，即运行良好的市场体系可能不仅仅是由个人利益驱动的机器。一些人开始认为，如果一个经济体想要创造财富，就需要关注其道德规范和社会关系，并建立设计良好的社会机构。[①]

在本章中，我提出了许多问题，稍后我将再次讨论这些问题，有时还会与之争论或反驳。但是，现在，让我们继续关注经济运行的机械比喻，看看它是如何在其他社会科学和大众思想中传播的。

① 例如，请查阅由塞缪尔·鲍尔斯编著的《道德经济：为什么良好激励不能替代好公民》（该书于2016年由康涅狄格州黑文市的耶鲁大学出版社印制）以及恩斯特·菲尔和阿明·福克合作发表在《欧洲经济评论》第46卷（2002年第4—5期）的《激励的心理学基础》一文第687—724页。

2

CHAPTER

抚慰心灵 捍卫“非经济价值观”

令人惊讶的协议

直至我成为经济学专业学生时，我才突然意识到，经济学严重忽视了我们如何养活自己和维持生活的重要内容。关于我在家照顾母亲的生活所表现出来的经济关系，主流经济学确实无法描述。我很快了解到，在经济学课上可以提出的“合适”问题基本上与数学和图表有关。至于人际关系、人类需求以及对这些的适当伦理反应则归属其他领域。

于是，当我有机会时，我便开始研究其他领域。我认为，“诸如社会学、心理学、神学、文学和哲学之类的领域肯定可以恰当地处理人类的相互依存关系。不过，这些关系不可能是围绕‘经济人’和机械论市场的形象形成的”。

在一定程度上，我的观点是正确的。例如，在研究人类发展心理学领域时，我找到以下关于早期教育的描述：

> 儿童发展研究表明，学前教育教师如果能热情地回应，并保持一对一的关系，对儿童的学习有积极的影响。

> 对于学前儿童而言，所有课程都被组合并整合成一个整体，可以同时进行学习。大脑发育研究表明，任何一个层次的成功教学，最强的要素是形成关系的能力和反应能力。[①]

因此，在这里和其他地方，我发现有关人际关系、反应能力、关怀和热情的讨论。我还发现有关伦理、意义和关注陷入困境的人的讨论。进一步阅读社会科学，科学和人文科学，我常常发现，从那些对生态平衡敏感的作家那里，不仅发现了我们人类之间的深刻联系，也发现了我们与自然世界的联系。这些并非贺卡情怀的实例。例如，关于儿童发展的那段话，就是基于实际的神经科学研究。在这些其他领域，人类真实的情感、联系和依赖性往往是学术研究的有效课题。

然而，令我惊奇的是，我常发现，在自己的领域里，那些对关怀和关系如此言之凿凿的人，当话题转向经济学时，显然完全同意新古典经济学家的观点。他们认为，在某些情况下，人们可以并应该具有爱心和道德风范。

然而，当话题转到生活的经济方面，他们却赞同这样的观点，即面对“经济规律”人们是束手无策的，并不可避免地

① 引述于马萨诸塞州波士顿会德丰学院的早期护理和教育职业发展中心的《简介手册：2000 年 9 月 14 日预读》。

成为自我利益的计算者。他们一致认为，市场和营利性公司可以在一个不适用责任感和同情心等价值观的生活领域中发挥作用。他们不质疑有关市场是由自我利益驱动的机器这一观点。

例如，我拥有与许多宗教伦理学家进行互动的各种机会。欧洲主要的基督教伦理学家之一、英国国教牧师约翰·阿瑟顿认为，伦理学家需要听从经济学家对“机制和系统”的认识，这些机制和系统构成“相对自主经济学世界的现实”[①]。这意味着必须让经济沿着其“合法”的路线运行。显然，大多数伦理学家和相关宗教人士能做的，只是在事后设法补救经济机器的一些最恶劣的损害和不公正。按照这种解释，伦理学是一种扫尾工作。

同样的观点也出现在讨论中，不过，带有更明显的批评倾向。作家大卫·科滕在其畅销的《公司统治世界》一书中，鼓励数千名读者将企业当作非人类的“外星人”或“机器”，因为它们是“腐败不堪、远超出人类控制的全球经济体系的一部分”。女权主义政治理论家南希·弗雷泽曾撰文指出，“相对自主的市场”，“遵循自己的逻辑”，脱离了文化和价值观。佛教

① 引述于约翰·阿瑟顿发表在1994年第17期《基督教经济学家协会学报》中的《灵性与经济学在何处相遇？》一文的第10节和第11节。2017年，约翰·阿瑟顿还受到《国际公共神学期刊》的特刊的表彰。

学者纷纷仿效。戴维·洛伊用贪婪激发的“引擎”来描述经济，而肯·琼斯将资本主义描述为一种由“市场逻辑”驱动的结构或体系，并指出必须要摧毁资本主义。著名小说家和生态散文家芭芭拉·金索尔借鉴这个根深蒂固的隐喻，将商业描述为“只是一个除了养活自己之外没有其他目标的发动机”。许多人文主义者和社会科学家（哲学家维吉尼亚·赫尔德是其中之一）担心，如果由企业提供具有独特人类价值的商品和服务（比如儿童保育），就不可避免地会被“商品化”——因为利润动机肯定会推动商业生活。历史学家和基于社区发展的倡导者加尔·阿尔佩罗维兹指出，“资本主义制度的内在逻辑和动力”是造成生态不可持续性结果的罪魁祸首。[①] 关于这些，我还可以列举更多的实例。

---

① 引述于大卫·科滕编著的《公司统治世界》第二版（该书于2001年由旧金山的贝雷特·科勒公司印制）第23页、第74页和第223页；南希·弗雷泽发表于2000年第三期《新左派评论》中的《重新思考识别》一文的第11页；戴维·洛伊编著的《大觉醒：佛教社会理论》（该书于2003年由波士顿的智慧出版社印制）第42页、第67页和第80页；肯·琼斯编著的《佛教的新社会方面：行动呼吁》（该书于2003年由波士顿的智慧出版社印制）第62—161页；芭芭拉·金索尔编著的《小奇迹》（该书于2002年由纽约的哈珀柯林斯出版社印制）第13页；维吉尼亚·赫尔德发表于2002年第17卷第2期《女权主义哲学期刊》的《护理与市场拓展》一文的第32页；加尔·阿尔佩罗维兹发表于1995年第五期第3号《优良社会》杂志上的《可持续性与体系问题》一文的第3页。

当代市场批评者的观点

这些对市场、企业或资本主义持批评态度的人认同这样的观点，即市场制度是受市场竞争力量逻辑约束的机制，并由自我利益的能量推动。他们希望要做的，是捍卫他们认为是人类生活的重要方面，反对所谓的“经济逻辑”或“市场价值观”。

如果遇到这样的争论，你通常会发现列表Ⅲ中的价值观具有最高的优先级：

列表Ⅲ

- 审美、道德和精神发展。
- 在人与人之间建立情感上健康，相互尊重的关系。
- 关心和照顾弱者和穷人。
- 生态平衡和可持续性。

换言之，这些市场批评者关注赋予生命意义的一切。他们关注人与人之间的关系，不仅关注独立的“代理人”或“公民”，而且关注弱者和需要帮助的人、老弱病残和幼小的人。例如，上述引用的有关学前教育需求的描述，直接借鉴了列表中的前三项。许多人从宗教或精神教义和实践中获得这些关注的灵感，这些教义和实践强调关怀、同情和自我奉献。对民主决策的强调往往源于对相互尊重关系的关注。对相互关系的关注往往延伸到我们与自然界其他部分的相互关系问题，从而带来生态方面的关注。

这些价值观是很难否定的。事实上，它们是伟大的。似乎只有最顽固、最浅薄、最自私的恶魔，才会说这些价值观对创造有意义的生活无足轻重。埃比尼泽·史克鲁奇在《圣诞颂歌》中讲述了一个关于忽视前三种价值观的古老警示故事。重视生态平衡从20世纪60年代的边缘观念，已经蜕变成现在的主流思想，全球气候变化等问题越来越引起公众的关注。

关于市场批评者的观点，比较值得怀疑的是，这些价值观通常与机械性商业生活模式相对立。他们眼中的“经济价值观”往往是列表Ⅳ中的内容。

列表Ⅳ

- 专门关注短期利润。
- 建立上司/工人压迫和疏远的关系。
- 贪婪与自私。
- 专注于增长和失控的消费主义。

列表Ⅲ和Ⅳ的对应配对表明，若你对利润感兴趣，则你不能对道德价值观感兴趣。若你是老板，由于资本主义内在动力的缘故，你不可能与你的员工建立情感健康、相互尊重的关系。同样，富国与穷国的经济关系也只能从殖民和剥削的历史角度来看待。若你对金钱感兴趣，人们会认为你贪婪且自私，不会关心弱者和穷人。任何与经济平等的理想相背离的分配关系至少被视为是可疑的，而且通常是不公平的。有人说，资本主义破坏了人类在有意义的社区中的灵魂生活，破坏了地球。优先考虑列表Ⅲ的人，往往认为自己是在提倡精神、道德和意义等“更高的价值”。他们倾向于把对商业、金钱和利润持积极态度的人视为自私的，或者，充其量是受到欺骗的可怜虫。列表Ⅰ与Ⅳ之间的差异是泾渭分明的：要么是民主的真善美，要么是资本主义和市场的假恶丑。①

这样做，无助于在反市场和亲商务派别之间建立对话基础。事实上，这些反市场人士开出的变革药方都集中在打退经济机器上。他们的三个主要解决方案的特征是“小而美”，“政府救援”和“分离领域”（尽管许多市场批评者赞成某种组合）。

---

① 我发现，当人们在为绝对的、基本实体辩护时，往往会大量使用大写字母：民主、市场价值观、资本主义、人民等。这是一个非常可靠的迹象，它表明意识形态占据着主导地位，经验证据和历史很可能会被忽略。

小而美。一种深受欢迎的二元性思维变体认为，我们目前的经济体系本质上要么是不道德的（邪恶），要么是超道德的（与道德问题无关）。“小而美”的倡导者希望用一种从本质上讲是道德的制度或结构来取代我们现有的制度。这种说法认为，我们目前制度的特点是竞争，所以新的制度必须由合作来运行。我们现有的经济结构赋予大型公司很大权力，因此我们需要转型为小规模的、基于社区的经济。我们当前的经济由利润来推动，因此我们需要用一个按照人类需求运行的经济来代替它。我们现有的经济有着硬性增长要求，因此我们应该予以取消。这些倡导者希望在小型、非营利的或员工或消费者拥有的社区企业中，进行一场全面的系统的或结构性变革。与E.F. 舒马赫的著作《小而美》一样，大卫·科滕有关“经济地方化”的理想与赫尔曼·戴利和约翰·科布的“公益经济”的理念，在20世纪的最后几十年间得到了推广普及。[①] 自那时起，提倡绿色经济或新经济的运动已经深入人心。有时，有人提出

---

① 引述于E.F. 舒马赫编著的《小而美：仿佛人事的经济学研究》（该书于1973年由纽约的哈珀出版社印制）；科滕编著的《公司统治世界》一书的第245页；以及赫尔曼·戴利与约翰·科布合著的《为了共同利益：经济转向社区、环境和可持续的未来》（该书于1989年由波士顿的灯塔出版社印制）。

用纳入明确的社会目标、规模适中的替代性商业模式来取代传统的由利润“驱动”的模式。[①]

政府救援。反市场主题的一种变体将经济学描述为失控的主宰，只有在具有公共精神的政府的坚定干预下，才能引导经济为公共利益服务。我将其称为“政府救援”。许多批评者认为，除了真正替代结构外，营利企业，甚至大型全球公司只要受到具有公共意识的政府的严格管控，均可以顺利经营下去。[②]政府可以制定许多新的管控法规，迫使企业改善其社会或环境行为。或者有人提出，政府应该接管目前由私人管理的许多重要经济活动，以便它们可以直接为公共利益服务。实际上，“政府救援”思想是许多主流经济学教育和分析的基础，也是学术性经济学文章（至少除了最狂热的“自由市场”文章）通常以一系列“政策建议”结尾的原因。例如，被广泛引用的法国经济学家托马斯·皮凯蒂关于不平等的宣言，即《二十一世纪的资本》，就提出这样一种观点：他从对资本主义表面机制的数

① 请参阅，例如，卡琳娜·米尔斯通编著的《节俭的价值：为拥挤的星球设计业务》。该书于2017年由伦敦的劳特里奇公司印制。

② 例如，玛乔丽·凯利在《资本神圣权：废除公司贵族》（该书于2001年由旧金山的贝雷特·科勒出版公司印制）一书中认为，政府应重写公司章程，以便要求雇员参与决策和对公共利益负责。

学分析开始，以提出政府纠正措施的建议而结束。佛教经济学家克莱尔·布朗将企业置于机械论市场“指令”的范畴，呼吁政府给予企业道德上的“引导之手”[①]。

分离领域。关于市场是不道德机制的另一种变体观点对它们持比较乐观的态度。这些倡导者认为，部分经济可以或多或少安全地交给“市场价值”。或许，在高度重视效率的领域，比如消费品的供应，可以允许非道德、机械性市场运作。但经济供应和公共生活的某些领域应该与市场价值隔离开来，免受市场价值的污染，并以更高的标准来要求。哲学家迈克尔·桑德尔在其畅销作品《金钱买不到的东西：市场的道德局限》一书中指出，“健康和教育、体育和娱乐、刑事司法、环境保护、军事服务、政治运动、公共空间和公民生活”等均应受到保护，避免“商品化”[②]。因此，有人提出一种分离领域的经济，即，一些行业可以相对无拘无束地从事利润最大化的资本主义，而在受保护领域，则只有公共组织（如“政府救援”）或以社会

① 引述于托马斯·皮凯蒂编著的《21世纪的资本》（该书于2014年由马萨诸塞州剑桥的贝尔纳普出版社印制）；克莱尔·布朗编著的《佛教经济学：开悟性低迷科学》一书中的第154页和第160页。该书于2017年由纽约的布卢姆斯伯里出版社印制。

② 引述于迈克尔·桑德尔编著的《金钱买不到的东西：市场的道德局限》。该书于2012年由纽约的法勒·斯特劳斯和吉鲁公司印制。

为导向的组织（如“小而美”）才被允许运作。[1]

这些解决方案都同意资本主义经济是一台机器。它们只是对这台机器是否应该被拆除，是否应该由国家控制，还是应该被封闭在隔离墙内存在分歧而已。

铁笼子的起源

尽管流行的亲商务观点得到了学术界新古典主义经济学理论的支持，但市场批评者的观点则从学术界的社会学和哲学中获得了智力支持。著名社会学家马克斯·韦伯（1864—1920）全心全意地将机械隐喻运用于经济生活，并在此基础上创造了一个现在著名的变体。他写道：“经济秩序现在与机器生产的

---

① 引述于迈克尔·桑德尔发表于2013年秋《经济展望杂志》第27卷第4期的《市场推理作为道德推理：为什么经济学家应该重新参与政治哲学》一文的第121页。另外，请参阅迈克尔·桑德尔编著的《金钱买不到的东西：市场的道德局限》（该书由纽约的法勒·斯特劳斯和吉鲁公司印制），以及迈克尔·沃尔泽编著的《正义领域：捍卫多元主义与平等》（该书于1983年由纽约的培基书店印制）。这个观点与我的观点（为什么分离领域方法存在缺陷）类似。就这个观点而言，请参阅维维亚娜·泽利泽编著的《购买亲密关系》（该书于2005年由新泽西州普林斯顿市的普林斯顿大学出版社印制）的第一章。

技术和经济条件紧密相连，这些技术和经济条件决定了所有出生在这个机制中的个人的生活。虽然，在其他作家看来，对外部物品的照顾只能像‘轻薄的斗篷，随时可以抛在一边’那样放在‘圣徒’的肩膀上，但命运注定，这件斗篷应该变成一个铁笼子。”[①] 由此可见，工业资本主义下的生活已经变成“铁笼子”的观点具有相当深远的意义。

批判理论家于尔根·哈贝马斯（1929—）在借鉴卡尔·马克思（1818—1883）、韦伯等人早期工作的基础上，于20世纪末接过了这一重任。他在所谓的“生活世界”与“系统”之间进行了有影响的区分。他曾写道，生活世界是道德、审美和自觉行为的范畴。他声称，在家庭、邻里和民主的公共参与中，人们在一个具有丰富意义并形成身份与个性的环境中，行使自由并履行职责。另一方面，正如韦伯的“铁笼子”比喻和马克思关于资本积累的内在动力的思想所指出的那样，资本主义经济作为“系统”的一部分，由无意识的、对象化的力量所驱动。根据哈贝马斯的理论，市场经济不是由人组织起来的，而是由货币的“媒介”来“引导”的。像马克思一样，哈贝马斯认为，

① 引述于马克斯·韦伯编著的《新教伦理和资本主义精神》的译本第181页。该译本由塔尔科特·帕森斯翻译，于1930年由伦敦的乔治·艾伦与昂温公司印制。

在资本主义企业中，一起工作的人们之间的关系本质上是异化的。他认为这种关系已经与人性毫无相干。[①]

哈贝马斯认为，经济的运行独立于人的规范和人格，是一个自主的领域，有自己的“内部系统逻辑”和“驱动机制”。然而，他认为该系统并非全是坏事。实际上，该系统是提供物质商品的一种复杂和有效的方式。哈贝马斯认为危险的是，适合于经济体制的思维方式和媒体，不可避免地以其自身“不可抗拒的内在动力”渗透到生活世界中。正如他所说，这种对生活世界的“殖民化”破坏了自由、意义和伦理，使得生活变得“技术化”和“无规范”。因此，他写道，任何利润或金钱对生活世界领域的侵入都应受到抵制。

因此，市场批评者可在这位有影响力的思想家的著作中找到对他们观点有利的智力支持。由于哈贝马斯借鉴了马克思的一些概念，所以该观点常被视为“左翼”或“批判性”。当然，在某种程度上，该观点与（流行版本的）亚当·斯密的观点似乎相去甚远。亚当·斯密强调他所认为来自经济体系的和谐与财富，而哈贝马斯的观点则强调经济生活是如何以非人格化威

① 引述于于尔根·哈贝马斯编著的《交往行为理论》第二卷《生命世界与系统：对功能主义理性的批判》的译本。该译本由托马斯·麦卡锡翻译，于1981年由波士顿的灯塔出版社印制。

胁我们。然而，事实上，正如哈贝马斯在其著作中明确指明的那样，有关其经济的机械形象直接源自亚当·斯密。他称赞斯密是系统理论的奠基人。[1]就知识历史而言，这种市场批判观点的根源与上一章中所述的亲商务观点的根源完全如出一辙。

有关道德和关怀世界有别于商业世界的观点，在大众生活和学术思想中也存在一个有趣的性别层面。在维多利亚时代，人们认为中产阶级非移民白人妇女是道德和关怀的守护者，因此在家庭生活中占据主导地位。与此同时，她们的丈夫和男孩被认为天性道德方面不够纯洁，因此被适当地分配到竞争激烈的商业世界中。社会学家艾莉·霍奇希尔德写道，“在19世纪中叶，男人被卷入市场生活中，女人则被留在市场生活之外，于是，女性家庭主妇形成了对资本主义的道德制动”[2]。不幸的是，霍奇希尔德将这种划分不是作为一种特殊的意识形态，而是作为一种事实。她将世界一分为二，一方面是一个严酷的、非人格化的、男性化的，本质上破坏稳定的物质主义和资本主义的世界；另一方面则是一个注重道德的、充满爱心的世界，

---

① 引述于哈贝马斯编著的《交往行为理论》一书的第113页、第173页、第202页和第402页。

② 引述于艾莉·罗素·霍奇希尔德编著的《亲密生活的商品化：家庭和工作笔记》的第8页。该书于2003年由伯克利加州大学出版社印制。

在这里，家庭关系和社区关系具有道德规范，充满爱心和真诚，不唯利是图。这种观点在普通百姓中颇为流行，以至于它在特定信仰中的基础很少被研究。有时，这使人们认为，现在“妇女有责任”抵御资本主义的入侵或领导一场运动，进入一个更柔和、更女性化、小即是美、生态可持续、有灵魂的经济体系。

无论他们是明确引用韦伯、马克思和哈贝马斯的观点，还是借鉴维多利亚时代的意识形态，或者采用桑德尔的最新著作，这些关于资本主义本质上与关系和伦理价值不相容的观点，都是学术界市场批评者争论的焦点。

市场批评观点的优缺点

在上一章的结尾，我提出贫困和企业滥用行为的证据，引发了亲商业、自由市场观点是否可以治愈社会弊端的疑问。市场批评者开出的“小而美”“政府援助”或“分离领域”的解决方案是否是给我们带来更多希望的理由？

毋庸置疑的是，每种解决方案都包含一定道理。正如“小而美”观点所指出，随着所涉组织的规模越来越大，以道德方式行事则成为一个更复杂的过程。有时，没有什么能代替面对面的沟通。鉴于气候变化和其他环境弊端，我们确实需要认真质疑目前对经济持续增长的主张。

“政府援助”的倡导者也提出过一些不错的观点。如果公众对所有公司都施加压力，要求它们正确行事，那么任何一家公司都会照办，而政府监管则是施加这种压力的好工具。不过，有关社会福利问题不可能完全通过私人市场活动来解决。这些问题包括提供经济学家所称的“公共商品”（例如，受过良好教育的民众所带来的好处），防止“外部效应”（例如，污染造成的伤害），以及关爱穷人和病人。从更大的范围来看，国际公共协议对于解决全球气候变化是绝对不可或缺的。这些对任何一个国家来说都是大问题，无法独立承担，更不用说一个公司或一个商业协会了。

有关“分离领域”观点也有一定道理。我担心政治职位会卖给最高（竞选资金）出价者，忧虑代金券计划会损害公立学校，并对这种思维方式心存顾虑，害怕卫生保健变成“有钱人才能购买的消费品”。对于这些因贪婪和（或）强硬的新自由主义思维方式所引起的反常行为，我们必须予以打击。

不过，尽管市场批评者高度重视的价值观，具有一定道理，值得称赞，但我发现，如果运用现实主义和有效性的标准来衡量，这些规定的解决方案就显得力度不够。有时，所提出的解决方案会造成真正的损害。于是，在动机、资源和过渡三个方面会产生诸多弊端。

动机问题

第一个问题是，人们往往认为市场领域完全由自我利益所驱动，而且自我利益是市场领域所独有的。于是，人们又经常假设，如果一个组织是小规模的、基于社区的、非营利的或政府的，那么人们可以相信该组织没有私利的动机。我们应该考虑这方面的证据。

小型企业的剥削程度并不比大型企业低。几年前，在我居住的波士顿地区，一家名为“上流社会”的当地比萨连锁店饱受人们的非议。尽管它不是什么大公司，只有不到一百名员工，但相关调查显示，该店长期以来一直在违反劳动法。再举一个例子，虽说家庭是非常小的、非营利组织，但在很大程度上，却洋溢着爱心和亲切感。然而，报纸每天都在提醒我，家庭也具有统治、虐待甚至暴力的特征。有时，身处一个小规模组织中，就意味着处于一个小规模压迫者的控制之下。

社区组织是一种很好的方式，可以把一个团体聚集在一起，就社会关注的问题开展工作，并为活动创造机会。例如，在 20 世纪 70 年代的南波士顿地区，社区组织工作非常有效，当时组织了大规模的社区示威，反对当地公立学校的种族融合。有时，社区团体会执行种族主义的议程。社区活动家出于“各人自扫门前雪，休管他人瓦上霜”的情绪，试图将不受欢迎的项目推给其他社区，这种现象屡见不鲜。社区，如同个人一样，也会以利己方式行事。

非营利组织和宗教组织可以将人们召集起来，为实现利润以外的目标而奋斗。例如，天主教的波士顿教区在法律上是不允许以牟利为动机的。然而，为了维护自身的机构等级制度和声誉，几十年来，它悄无声息地将那些性侵儿童的牧师从一个教区转移到另一个教区，从而为施虐者提供了新的牺牲品。正如 2015 年的电影《聚焦》所描述的那样，这个问题直至 2002 年才大白于天下。由此可见，非营利机构，即使是那些表面上关心维护道德和精神价值观的组织，也无法幸免于邪恶。

当然，也存在政府动机的问题。我们相信民主治理的好处，因为它体现了人们的（共同）意志。我同意“政府援助”是个不错的主意。但无论好坏，即使是最好的（实际的）民主制度也是混乱的、复杂的，有时是烦琐的政治制度。它们的成功依赖于人们努力的辛勤工作，并受到许多分歧领域的挑战。在最糟糕的情况下，民主国家也会压制少数人的观点，陷入混乱，或者（不提任何姓名）选举出白痴和暴君。

在我看来，呼吁小型社区、非营利组织或政府“为了公众利益”来接管经济活动，可以说是一种切实可行的解决方案。确实，如果它行之有效的话，那太好了。但是我们怎么知道那些批判者认为驱动市场的自私动机不会在家庭、社区团体、非营利组织和国家中出现呢？我们的社区、非营利组织和政府的完善程度越不理想，我们这些希望获得更多正义和永续性的人，就越需要拓展自己的领域。我们愿意在感觉舒适的机构中努力工作。在不忽视我们所做出努力的同时，我们也需要调查一系列多样化机会和潜在盟友。如果我们放松对机械经济信念的控制，我们甚至可能会在之前认为是敌人的群体中发现这些人。

资源问题

这些观点（尤其是“小而美”和“分离领域”）的第二个问题是，它们在很大程度上破坏了自己高尚的动机。由于金钱和权力（只）与贪婪和压迫有关联，所以金钱和权力被当作内在的道德嫌疑。拥有这些特征的人，比如公司高管（如果有机会，他们实际上愿意参与道德讨论），被贴上邪恶的“他们”的标签，与道德上的“我们”之间隔着一条巨大的鸿沟。

随着许多潜在的盟友和权力基础被摧毁，许多宣传活动都是在小型非营利组织中进行的，这些组织的存在主要依靠志愿者的无偿劳动以及工人的廉价劳动。其经费来自个人捐款，或者来自基金会和慈善家（碰巧他们对某人精心设计的拨款提案感兴趣），或者来自政府计划。因此，上述情况往往会导致个人倦怠和机构财务不安全，这不足为怪。

我相信，这种对金钱和权力的厌恶，尤其损害为儿童、病人和老人提供手把手照顾的经济部门。请记得这张海报：“学校有了所需的资金，而空军不得不举行面包义卖来购买轰炸机，这将是伟大的一天？”多么正确。不过，反金钱的意识恰恰强化了那张海报所谴责的对公共服务的一毛不拔的心态。有关这种态度对护理工作所造成的损害，我将在第四章探讨护理工作中金钱和动机问题时做进一步讨论。

过渡问题

即使市场批评者给出的药方落实可行，仍然存在如何实现这一目标的问题。随着民粹主义反全球化情绪的不断高涨，一种特殊的新型自由主义自由贸易经济政策可能最终将逐渐寿终正寝。不过，对变化的方向无法做出预测。在我的美国市场批评者同人中，绝大多数人倾向于伯尼·桑德斯的各种“局外人”的挑战和变革。

“小而美”的观点告诉我们，我们必须进行大规模的经济转型，彻底摧毁作为经济组织形式的大型企业，这样，我们才能在经济生活中实现真正的人类价值。这需要一场翻天覆地的变革。另一方面，如果我们希望得到纯粹公益精神的“政府援助”，但按照当前美国的政治气候，看上去我们可能需要等待很长的时间。如今，狂热的主张私有化者执掌着教育部门，而私人监狱也在蓬勃发展，这样看来，实现“分离领域”的目标同样也是遥遥无期。市场批评者必须认识到，想要从有钱有势的人手中争抢控制权的企图，注定会遭到他们的抵制。

有些人喜欢抨击经济机器或攻击假想敌，就像堂吉诃德在绝望斗争中所做的那样。实际上，我很佩服那些不顾一切地坚持自己值得称道的、珍视的价值观的人。不过，假如市场评论家所设想的未来（往往在乌托邦和世界末日之间摇摆不定的愿景）不是唯一的选项，假如所提出的解决方案不令人满意，是因为市场批评者和亲商务理论家不幸地将良好价值观与有关经济的错误“事实”结合起来，那该怎么办呢？

3 CHAPTER

灵肉合一

成为不同寻常的经济学家

如今，人们有机会获得有关伦理学和经济学的真正新鲜而有用的思维方式：我们是否还相信经济是一台机器？是否还相信自我利益是经济唯一的“自然”能源？我们对这个比喻相当熟悉。几个世纪以来，它与我们有关科学是机械的概念密不可分，以至于我们可能很难想象，如果我们摒弃这个比喻，经济知识会是什么样子。放弃有关经济学的“硬”形象似乎对我们来说是一种威胁。尤其对那些研究经济的人而言，摆脱了基于牛顿物理学的数学工具所提供的“严谨性”和“精确性”，可能会像前面提到的那样，使我们陷入软弱思维的泥潭。

不过，开始经济学研究时，我具有一大优势：我是女性。经济学领域历来由男性主导。1980 年我进入研究院深造时，只有 12% 的经济学博士学位授予女性。在经济学研究院的 35 名新生中，我是仅有的 4 名女生之一。我发现这里的环境与众不同，而男同事却不这么认为，但那时，我已明白“不识庐山真面目，只缘身在此山中”的道理。

我不仅认真完成课程要求的许多数学习题，同时，还特别注意更微妙的学习内容：职业的内在价值体系。我被教导要尊重什么，又被教导要忽视什么。如第一章所示，数学的先进性毫无疑问受到人们的高度重视。而这种价值导致对其他事物的轻视。例如，我几乎从未读过单单用文字撰写的任何资料。缺乏希腊字母和数学符号的资料往往被视为软弱的标志。人们认为，经济主体是自主的、合理的和自利的。有关人类需求或依赖、情感或关怀的问题因被视为不严谨和伤感，而根本未能纳入人们的讨论范畴。我越来越清楚地意识到，学术经济学远非是对我们如何自给自足的公正研究，实际上是围绕着整个有偏见的信念结构而建立的。我发现的这种潜流大致可以概括如下：

我们严谨科学，认为人是自私的，精于算计的，同时人也是自主的、独立的和理性的。我们使用精准数学，研究市场，也许还有行业和政府。我们描述各种机制。	我们不多愁善感，也不具有人性化特征。我们不认为人们互相关心，也否认人是可以联系的、依赖的或具有情感的。我们不使用模糊的言语争论，不研究家庭生活，也不处理人际关系或伦理。
我们具有男子气概。	*像那些社会学家和人文主义者一样，我们不是柔弱的、娘娘腔的学者。*

当然，诠释这种潜流的方法是相信所有这一切都是自然和

正确的。我可以得出结论，经济学的确是阳性和理性的，而我作为女性在一个相互依赖的家庭中的经历则与经济无关。我可以接受自亚当·斯密时代以来贯穿经济学的这种分裂。我既可以接受维多利亚时代将经济学与自我利益、计算和男性相提并论，还可接受将“非经济”生活与伦理、关怀和女人相提并论。

但是，我觉得这样做有些不妥。首先，我觉得认为男人的道德水平天生不如女人是一种侮辱，认为他们没有感情生活是不可信的。其次，我从经验中知道，理性并不完全是 Y 染色体的特征，女人的行为可能是出于自我利益的考虑。而且，作为一名女性，我认为，传统上与妇女有关的所有工作特点和领域竟然被经济学界如此诋毁和忽视，这既奇怪又不公平。

因此，我决定对整个机械性隐喻提出质疑。

您可能会反对：“但是经济确实是机械的。您老说‘机械性比喻’，好像将经济比作机器只是一种花哨的言语，而不是反映世界的深层、底层结构！”

我将从三个层面回答这一反对意见。第一，我将借助语言哲学和科学哲学来说明隐喻是如何发挥作用的，以及为什么它们在科学思想中如此重要。这就是本章第一节的主题。第二，当我阐明了经济是机械的这一观点的隐喻性质之后，我将继续讨论这是否是一个有用的隐喻。我将开始说明，如果完全坚持这种隐喻，其危害性有多大，并提出一些替代性的隐喻。第三，我将用事实资料来说明关于经济生活的一些常见的错误认识。最后这一部分将在下面的两章中讨论，我将表明，许多关于推动经济的“机制”和“力量”的共同信念要么被夸大，要么根本就是不真实的。

科学与隐喻

从广义和理想的意义上讲，科学是关于持续和系统的探索，尽可能不受先入为主的观念和偏见的影响。托马斯·库恩等科学史学家已经表明，科学的进步常常涉及“范式转变”。也就是说，在一定程度上，科学家倾向于在公认知识的背景下工作。然而，随着不符合他们现有普遍观点的证据不断增多，他们会形成一种全新的方式来看待事物。①

隐喻通常是表达一般世界观或理解的方式。《我们赖以生存的隐喻》一书的合著者语言学家乔治·拉科夫和哲学家马

① 引述于托马斯·库恩编著的《科学革命的结构》。该书于1962年由芝加哥大学出版社印制。

克·约翰逊称，“隐喻的本质在于用另一种方式理解和体验一种事物”。据他们以及认知、哲学、修辞学和语言学领域的众多当代研究者介绍，隐喻不仅仅是对语言的花哨补充。相反，它是我们理解我们的世界并将我们的理解从一个人传递给另一个人的基本方式。拉科夫和约翰逊举出许多例子，说明我们使用的语言是如何在基本物理经验的基础上反映出对更抽象概念的隐喻性阐述。例如，我们对“上 / 下”的理解构成了“好的在上面，坏的在下面”“理性在上，情感在下”“控制在上，服从在下”，以及“地位高居上方，地位低居下方”的基础。更丰富的含义可以在更复杂的比喻中找到，例如“辩论就是战争”（反映在诸如“赢”“输”“守”“攻”等语言中）或“辩论是一座建筑物”（反映在“地基”“框架”“构造”“支撑”“崩溃”等语言中）。[①]

这些隐喻影响了我们的理解和行为：例如，如果我们认为自己参与了辩论，我们如何阐释所听到的内容以及如何答复，很大程度上取决于我们所使用的隐喻。隐喻的理解也是有文化差异的。例如，正如拉科夫和约翰逊所言，可能存在另一种文

① 引述于乔治·拉科夫与马克·约翰逊合著的《我们赖以生存的隐喻》第 5 页。该书于 1980 年由芝加哥大学出版社印制。

化。该文化使用“辩论是舞蹈”这一隐喻，因此在描述它时可以使用一种美学，风格和同步的语言。隐喻阐明了它们所描述的某些方面，而隐藏了其他方面。隐喻从来都不是完整的、字面的描述。

隐喻也是科学的基本要素，因为除了用我们已经熟悉的事物来描述新事物之外，别无他法。例如，人们使用光描述波浪（如海面上的波浪）和粒子（我们能看见的或触摸到的微小物质）。照字面的意思，这两个隐喻都不正确，因为它们意义不完整。正如我前面所述，随着现代科学在17世纪的兴起，占主导地位的隐喻是“世界是一台机器”，它取代了有关“世界是有生命的存在”这个中世纪的理解。

发条隐喻构成了牛顿力学的基础，不过，因其无法恰当描述整个物质世界，而早已被科学家抛弃。牛顿提出的“运动定律”在描述我们日常生活中所经历的力和运动层面上，效果相当好。台球、钟摆和时钟的运动可以通过牛顿的模式和公式进行准确的预测。不过，当科学家开始研究微小或大量的现象时，旧的隐喻便不合适了。构成原子的亚原子粒子并不像台球那样运动。黑洞和星系的演化无法用齿轮和杠杆的隐喻来解释。量子理论、相对论以及复杂系统理论的发展已经使物理学远远超出了最初的牛顿隐喻和理论。

对证据采取开放的态度意味着放弃世界是一台机器的想法。如今，一些科学家认为“原子是能量的旋涡”。另一些人则认为“基本粒子是由‘弦’的运动所产生的音符”，可能存在于许多维度中。即使数学所扮演的角色也变得有点微不足道，因为科学家不得不质疑，世界上某些复杂方面是否可以用一套统一的公式来描述。值得一试的科学实践会调查证据，并愿意在需要时更改隐喻和技术。

正如我在第一章和第二章所述，“经济是一台机器”的隐喻出现在18世纪，是基于更广泛、更早的隐喻“世界是一台机器”发展起来的。虽然物理科学向前发展，但我们的大众和学术界对经济的形象仍然牢牢地建立在17世纪的那个世界观上。为什么？为什么我们坚持把经济看成是一台由粒子和力组成的非个人化的机器？

我认为，世界是机械的，科学家是客观的调查者和控制者，这种形象具有一定的心理吸引力。我相信，在经济学家中，这种吸引力是机械隐喻持续存在的主要力量。

这个比喻的心理诉求有一段有趣的历史。20世纪80年代有关科学兴起的文献大量出现，它们从一个全新的角度来研究这个问题。伊夫琳·福克斯·凯勒、苏珊·埃奇和布莱恩·伊斯利亚等学者指出，许多早期科学家常将心智、理性和客观性与男性化象征联系在一起。这些早期的领导者认为，科学的目的是要使思想、理性和客观性来支配身体、情感和主观性，而后者的特征是异类的和女性化的。[①]

例如，英国皇家学会的早期秘书亨利·奥尔登堡表示，学会旨在“培养一种阳刚哲学，借此，人的心灵可以因掌握真理而变得高尚”。詹姆斯·希尔曼在《分析的神话》中写道，“我们称之为科学的、西方的和现代的具体意识，是男性思想长期磨炼的工具，它已舍弃自己的部分实质，称其为‘夏娃’‘女性’和‘低等人’”[②]。

因此，使经济学“男性化”并使之保持“男性化”的项目可以被看作是一个更大的历史项目的一部分，这个项目就是让“理性的人”来掌管。同时把真正的身体、需求、依赖和情感小心翼翼地中和，给它们贴上“女性化”的标签，从而使它们

---

① 引述于伊夫琳·福克斯·凯勒编著的《关于性别和科学的思考》（该书于1985年由康涅狄格州纽黑文市耶鲁大学出版社印制）；苏珊·埃奇编著的《走向客观：笛卡儿与文化随笔》（该书于1987年由奥尔巴尼的纽约州立大学出版社印制）；桑德拉·哈丁编著的《女权主义的科学问题》（该书于1986年由纽约州伊萨卡的康奈尔大学出版社印制）；布莱恩·伊斯利亚编著的《巫婆狩猎，魔术和新哲学》（该书于1980年由英国布莱顿的收割者出版社印制）。

② 引述于凯勒编著的《关于性别和科学的思考》第53页；詹姆斯·希尔曼编著的《分析的神话》（该书于1972年由纽约的哈珀出版社印制）。

容易被搁置。机械性隐喻完美地契合了这一要求，在经济学中仅保留那些看上去“强悍”的特征，而拒绝所有那些似乎是娘娘腔的特征。

但是，该项目真正低级的部分在于，牛顿把他的发条理论建立在他从经验中收集的证据之上，而新古典主义经济学则把它的理论建立在假设之上。正如我在第一章所述，早期的新古典主义经济学家致力于使经济学“科学化”，这意味着要描述经济学的“运动定律”。换句话说，他们的目的是使经济学符合牛顿物理学的比喻和方法，他们误以为牛顿物理学可以代表一般的科学。

这种过于狭隘和僵化的科学比喻已成为经济学的普罗克汝斯忒斯之床。复杂的人类动机不适合，所以这门学科把它们砍掉了。就此而言，关怀关系或权力关系也不适合，因此也遭到同样的命运。于是，“需求”从天而降掉到渣堆上。只有自我利益、利润、效用和最大化的狭义概念才符合复杂的人类动机。虽然牛顿的理论非常适合某些现象，足以用来解释物理世界的某些部分，但没有人对经济学家的理论是否适合他们所要描述的经济世界提出质疑。由于经济学家希望保持“严谨”和“强硬”的态度，人们在经济生活中的行为与理论相悖的证据在很大程度上被轻描淡写地抹去了，并且继续如此。

毫无疑义地坚持一种隐喻，并抛开所有可能要求其实践者重新思考的证据，这是什么样的科学？

摆脱铁笼的束缚

第二章中所描述的“铁笼子”在世界中是不存在的，它存在于我们的头脑里，把我们的思想困在一种僵化的思维方式里。

斯密的一些评论使人们将经济视为由自利驱使的生产和交换的绝佳机器。为了解决数学上的最大化问题，新古典主义将“公司”和“家庭”理论化，并使两者在完美运作的抽象市场上进行适当的互动。韦伯和哈贝马斯将一个缺乏社会意义和人际关系的经济体系理论化。这些有关“公司”“家庭”“市场”和“体系与生活世界”的理论恰好适合用于理论教学。如果我们把目光从理论教学中移走，环顾四周，我们会看到什么？

我发现企业是由人组成的复杂组织，具有不同的领导风格和管理模式。一些企业将股东利益放在首位，而另一些则更注重企业的发展，还有一些似乎是为了增强首席执行官的个人影响力。有些企业认真对待员工和社区的责任，而另一些则不。

有些企业运行良好，而另一些企业，其员工之间根本没有协作精神。有些企业刚从一个危机中走出，又陷入下一个危机。有些企业创造或推动了技术和社会创新（如电视广告或互联网商业），深刻地改变了我们的生活。我不明白一个简单的数学函数怎么能描述企业在经济生活中的作用。“利润最大化”的想法已深入人心。复杂的企业确实存在。（在第五章和第六章我将再次讲述利润的定义和与商业有关的实际问题。）

同样，家庭成员的行为动机多种多样，家庭组织方式也很复杂。在选择去哪里工作，购买什么，如何组成家庭，以及如何参与公共决策方面，人们往往会面临真正的两难选择。延伸至家庭的新古典主义理论使我们相信，父母会在生孩子或投票保护环境所获得的“效用”与吃冰激凌所获得的“效用”之间进行权衡，似乎所有的家庭决定完全是相互权衡的结果。新古典主义理论还将人们偏好的形成视为其范畴之外的东西，将人们的需求当作“给予”。令人震惊的是，广告和社会比较在影响人们行为方面的作用被认为对理解经济学并不重要。这种“效用最大化”的思想已深入人心。复杂家庭确实存在。

新古典基础理论完全忽视了政府和非政府的非营利组织。工会、行业协会、教会和慈善组织，以及非营利医院和大学在许多社区的经济生活中扮演着举足轻重的角色。不过，在理论上它们是不存在的。政府在地方和国家安全、卫生和教育方面的开支对经济生活有着巨大影响，然而，政府活动却被视为由企业和消费者形成的“实体”经济的尴尬补充。人们通常认为，政府从外部“干预经济”，好像一个复杂的经济体在没有足够公共机构的监督和支持下，也可以存在。新自由主义者则更进一步，指责政府“干预”了原本运转良好的经济机器。

该理论未能注意到市场的制度要求。现实世界的市场需要有形的（如交货能力）和社会的（如信用卡的可接受性）机构运作。世贸组织寻求为国际市场制定规则。纽约证券交易所在 2006 年之前本身就是一个非营利机构。但在经济学中，实际的市场机构被忽视了，取而代之的是抽象的、黑板上的纯非个人的、平滑的、规则自由的交换形象。“市场”已深入人心。复杂的特定市场确实存在。

这似乎还不够，作为庞大的市场交换机制的经济形象还忽视了经济生活中单向转移的作用。该形象仅仅关注交换，却忽略涉及金钱、商品、服务或资产转移的所有经济活动，而这些活动并不需要任何具体的回报。人们忽视了从父母转移给孩子的商品和关怀。税收、补贴以及政府因健康和福利而进行的转移被认为与实体经济毫无瓜葛。（这相当具有讽刺意义，因为事实上，首次记录的货币会计使用是为了跟踪税收。）遗产在决定个人经济前景的作用遭到了削弱。慈善捐赠和战争掠夺被忽视了。

实体经济比在市场上活动的“公司”和“家庭”要大得多、复杂得多。如果我们无视证据，坚持认为机械性比喻可以描绘世界，则我们陷入数学家和哲学家阿尔弗雷德·诺斯·怀特海德（1861—1947）所说的“错位的具体谬误”。也就是说，有时我如此迷恋抽象概念，以至于我们开始认为，这些抽象概念比我们周围的现实世界还要真实；我们用柏拉图理想来衡量一切，在我们眼中，现实世界是“幕后”正在发生的事情的一种不完美的表现。如果舞台上的世界与我们的心理形象不符，我们会紧紧抓住心理形象，将表现上的差异归结为微小缺陷。不过，也许是时候该放弃将经济比作一台机器的心理形象了。

环顾四周，我发现机器比喻的适用性并不明显。经济除了齿轮和车轮之外，还涉及人。经济行动背后的每一步都蕴藏着真实的人的动机，真实的人的身体和心理，以及真实的人的决定。

如果经济不是一台机器呢？

经济是由自我利益驱动的机器，这一观点不仅可视为一种隐喻，还可视为制定切实可行的经济政策的最佳基础。或者，它也可视为一种比较准确地划分经济问题和道德问题的方法。因此，我们需要问为什么放弃机械隐喻是一件好事？显然，我需要证明，放弃它将会有良好的、现实世界的结果。

发条隐喻有用吗？一方面在物理学中，世界是由粒子和力组成的机器，可以用微积分来描述，这种想法已经有了相当大的实际回报。在物理科学中对这一思想的数学阐述（尽管它在一般情况下是错误的），对设计工作中的烤面包机、太空船和医疗设备都有贡献。

另一方面，在经济学上，对这种机械隐喻的所有数学复杂的阐述对任何实际使用的贡献有多大是令人怀疑的。虽然大多数学术文章以“政策含义”作为结尾，但往往对实际的政府和企业的讨论帮助不大或几乎没有什么贡献。富兰克林·德拉诺·罗斯福的新政、凯恩斯激进宏观经济政策、罗纳德·里根和玛格丽特·撒切尔的供给侧政策，以及倡导全球自由贸易等在经济决策方面的许多最重要的进展，均与新古典主义经济学家的有关微积分和统计学的复杂应用联系甚少或毫无关联。罗斯福新政和凯恩斯主义政策是对“机器”未能预期进行“自我调节”的直接反应。后来提及的供给侧政策，是基于小联盟经济学家亚瑟·拉弗潦草地画在餐巾纸上的一张图表，根本没有任何复杂数学建模或实证研究的支持。尽管已有数百篇文章以越来越复杂的方式对其进行了详细阐述，但据1817年经典经济学家大卫·里卡多的讲述，自由贸易政策背后的基本思想却来自一个有关英格兰和葡萄牙进行布匹和葡萄酒贸易的简单故事。

人们将高度数学化的理论成就和经验模型应用于现实生活中，结果往往令人不满意，有时甚至令人尴尬。例如，迈伦·斯科尔斯、菲舍尔·布莱克，以及罗伯特·默顿发明的股票期权定价公式深受经济行业的青睐，以至于1997年，菲舍尔和默顿被授予瑞典中央银行为纪念阿尔弗雷德·诺贝尔而设立的经济学奖。可是，就在第二年，一家根据该公式创建的，并聘请菲舍尔和默顿为董事的长期资本管理公司，却因市场证明该公式难以预测而以惊人的方式轰然崩溃了。另一个例子是，当经济学家卡门·莱因哈特和肯尼斯·罗格夫提交的数据分析结果表明政府高债务和低经济增长率之间存在着一定关联，政策圈一片哗然。然而，马萨诸塞大学经济学研究生托马斯·赫恩登的复制品显示，由于基本电子表格的错误，该结果是虚假的。而且，从我的专业角度来看，尽管经济学声称其“严谨”，在处理不充分的重复（重复研究以确保结果成立）、确认偏差（“发现”人们期望的趋势）和出版偏差（有选择地掩盖一些研究）等方面，经济学远远落后于曲线。在心理学和医学研究领域，重复和偏差问题受到了更多的关注。

与牛顿物理学在实践中的丰功伟绩相比，牛顿范式在经济学中的“科学”阐述却是一口枯井。有人可能说，它最大的贡献莫过于充分就业——对于新古典主义经济学家而言，也就是说，他们找到获得报酬的一种方式，通过数学上的才智打动对方。[1] 隐喻是否具有破坏性？我认为是的。一方面，它鼓励制定幼稚的、不负责的新自由主义亲商务政策，另一方面，它助长了天真的、不切实际的反市场替代方案的发展。

---

① 我的许多经济学家同事会强烈抗议这种描述。事实上，一些经济学家在贫困、工资、税收、商业周期和实际的现实世界市场等问题上做了有益的、应用性工作。然而，我要说的是，在大多数情况下，他们的工作之所以有用，很大程度上是由于他们对机械范式的使用。但是，在学术界的高层，经济学家受到相当好的保护，不需要证明自己有用。学术水平领先的经济学系的教师通常会互相评审工作并雇用对方的研究生。因此，他们可以在内部制定关于什么是有价值的和时尚的标准。

身心合一

回想一下，在第一章中，我将诸如供给和创造就业等一些非常不错的价值归于亲商务阵营。但因其声称市场体系会自动提供好东西，我批评了它们，因为它是一台机器，除了自身利益之外，不需要任何能量。在第二章中，我指出市场批评者也优先考虑有效价值，例如，关注穷人和生态平衡。我批评这些市场批评者，因为他们声称市场作为由个人利益驱动的机器，与这些价值观相悖。令人啼笑皆非的是，亲商务和反市场群体由于普遍认为经济是一种机器而彼此之间无法进行对话。

图中所示的模式综合了第一章和第二章中介绍的四个列表。在左上方的方框中复制列表Ⅰ中亲商务阵营的正值，代表自力更生的伦理观（一种对经济学有利的观点），以及我们为了谋生需要经历的事情。在右上方的方框中复制列表Ⅲ中市场批评者的正值，代表对人际关系、可持续性，以及使生活变得有意义的事情的肯定看法。

如我之前所述，包含列表Ⅳ在内的左下方方框，反映了对经济学的负面看法，列出了反市场批评者所谓的“经济价值观”或“市场价值观”。包含列表Ⅱ在内的右下方方框，反映了亲商务倡导者对反市场人士的负面看法，认为他们是一群无用的（或更糟的）受蒙蔽的行善者。

这里有一个新观点：我相信也是这样，由于经济不是机器，所以无论是亲商务倡导者还是反市场批评者都只掌握了部分情况。通过尊重双方各自所珍视的美好事物，同时放弃这些美好事物是由经济生活自动提供或破坏的观点，我们可以更充分地理解经济与伦理的关系。

左下角的列表Ⅳ的特征是对经济生活的单方面忠诚的可能结果，表明对社会和生态关系问题的关注不足。换言之，接受“贪婪是善良”的格言。例如，在不考虑道德影响的情况下生产商品很容易导致有害产品的行销。创造工作时未能尊重员工的人性，易导致产生不人道的工作条件。相信任何人都应对自己负责，却不承认人类童年、疾病和老年的现实，会产生一种冷酷无情的态度。生产或消费产品而不注意生态影响，会将地球的未来置于当代人目光短浅的冲动之下。希望创造商品和工作并非坏事。但如果你这么做了，亲商务倡导者和反市场批评者各自提倡一系列有价值的美德。亲商务倡导者强调身体供应和自力更生的价值（列表Ⅰ），而市场批评者则重视关系、关怀和可持续性的价值（列表Ⅲ）。但各方都持有片面的观点。相信经济学是机械的亲商务倡导者认为，道德是多余的。他们关注“身体”不注重“灵魂”的结果是列表Ⅳ中的恶习。反市场批评者也认为经济是机械的，得出的结论是，资本主义经济永远无法满足其道德关切。他们关注“灵魂”而忽视“身体”的结果是列表Ⅱ中的弊端。双方都认为经济是机械的，这使双方无法认识到列表Ⅰ和列表Ⅲ实际上是兼容和互补的。假设道德含义会“自行解决”，则可能造成真正的伤害。

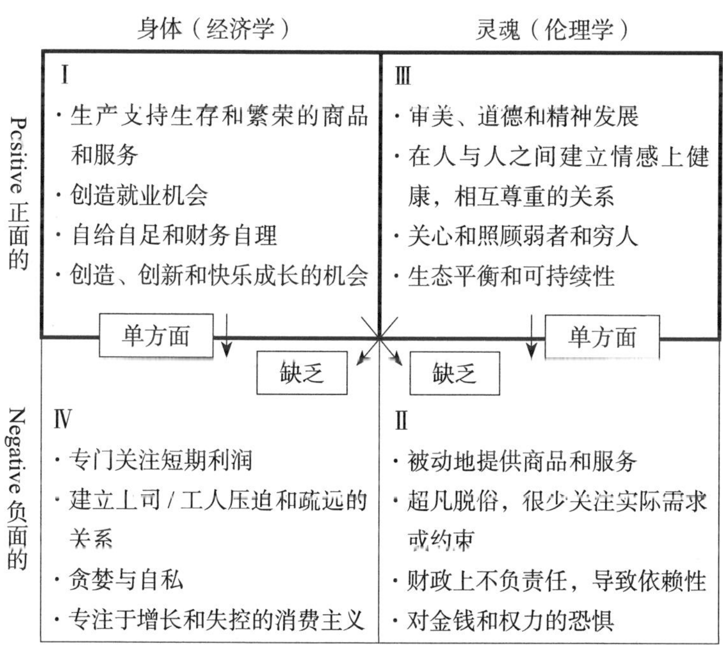

右下角的列表Ⅱ的特征是片面忠于关系和意义的关注，表

现出对生活的实际供养缺乏关注的可能结果。完全不关注生活的供应方面，从本质上意味着，当你忙于“更高”的事情时，你期待别人来支持你。[①] 例如，人们普遍认为，维多利亚时代的妇女是道德的捍卫者，她们显然不太看重金钱，有点超凡脱俗的意味，并甘愿把别人的需求放在自己的需求之上。再举个例子，在许多东方国家，佛教僧侣或比丘尼习惯于专心打坐，每天拿着乞食钵出去一次，向附近农民乞讨食物。我不是说“更高层次”的东西不值得。在某些时期，不关注供应问题很可能是一件好事。

不过，需要考虑三个问题。首先，我们不能都采取片面的“感情”立场。必须有人关注财政，养家糊口，支付账单，或者扮演农民的角色。其次，涉及情感健康和自尊时，对自我责任感到厌倦是错误的。在其能力范围内，勇于担当，有作为，能够照顾自己和他人，是一个成年人所具备的重要素质。最后，唯伦理观使得伦理服从于经济力量。维多利亚时代的家庭主妇或东方的僧侣或比丘尼能够继续从事其“更高”任务的程度，

① 我们中有许多学者和作家，他们真诚地关注世界的贫困，并认为我们的作品是我们能够为一个更美好的世界做出贡献的最佳方式。被我们批评得不悦的企业领导很可能会回答我们：“那你今天为多少人种了粮食？你们为失业者创造了多少就业机会？”言之有理。从物质上看，作家的工作主要是消耗木材。

完全取决于提供支持的人们的兴致。除非充满深情和爱心的工作与经济基础更紧密地联系在一起，否则这种情况随时都会突然中断。（许多离异的或被抛弃的全职家庭主妇对此深有感触，并为此感到痛不欲生。）由于经济原因而离婚时，有关正义和关怀方面的道德考虑显得如此苍白无力，不堪一击。在第四章和第七章，我们将详细地探讨这种仅基于道德的思想所引起的诸多问题。

前两个方框可视为互补的、有价值的，这对于删除发条隐喻的可能性而言，是令人兴奋的。告诉我们道德与经济学毫无关联，是机器隐喻，而不是生活。告诉我们“经济价值”仅限于个人利益，同样是机器隐喻，而不是生活。如果我们倾听经验而不是陈旧的隐喻，我们可以看到，对道德的积极关注与对经济生活的积极关注不仅相容，而且相互依存。我们不能放任自流。我们对此有责任照顾和关怀。我们可以为我们参与并维持的整个社会经济体系承担积极责任。我们可以将身体和灵魂重新融合在一起。有两个隐喻可以帮助我们理解这一点，一是跳动心脏的比喻，二是管理得法的比喻。

跳动的心脏

停下来，看一看，听一听。你听到的节奏并非经济时钟的嘀嗒声，而是经济心脏的跳动声。

隐喻功能强大。无论我们认为自己的思维是多么微妙和复杂，基本的视觉或触觉形象奠定了我们思维的真正基础。经济时钟的机械传动装置，在自利的驱动下，根据事先设计的幕后蓝图，嘀嗒地不停在走动，不断地运行着，只受经济工程师的干预。该工程师接受过系统化数学教育。这个比喻具体、形象，易于理解，具有相当大的影响力。

人们对经济生活的设想，有众多隐喻。“经济是一颗跳动的心脏”的隐喻，在我看来，可能很有用。一方面，将心脏视为重要的身体循环器官可以产生许多联想，人们认为这些联想适合描述经济。心脏推动生命之血在整个身体流动。同样，经济常常保持循环流动形式，推动着货币、商品和服务不断流动。心脏具有特殊的物理结构（瓣膜和心室）和规律性功能。将经济视为一个心脏，等于承认经济也具有结构性（制度）和规律性。到目前为止，人们注意到这个隐喻的一些特征，而这些特征可以从将经济和心脏与泵机联系起来的传统类比中得到。[①]

不过，由于心脏是一个活生生的重要器官，而不是无生命特征的泵机，因此，这个比喻可以引发出许多关联性很强的见解。跳动的心脏对于每个人的生命都不可或缺，它可以将氧气和营养物通过血液流动输送至各个人体细胞。同样，经济创造了维持和丰富个人和社会生活的给养渠道。

作为一个生命实体，经济心脏需要关怀。通过适当汲取营养和锻炼，它可以保持健康强壮。在许多诱惑面前，这种情况不会自行发生。它需要一定程度的有意识的关注和约束。即便我们不是特别喜欢吃蔬菜或去体育馆锻炼，但如果我们有长远的眼光，我们应该知道这样做益处颇多。同样，企业可能经常因为限制其活动的法规而感到恼火，另外，人们也特别讨厌纳

① 经济学家南希·福尔布雷环建议将“心脏”的隐喻带入经济学的讨论中:《看不见的心：经济学和家庭价值观》(该书于2001年由纽约新出版社出版)。尽管我从她的工作中获益匪浅，但我还是要指出我们在使用这个比喻方面的重要不同之处。福尔布雷在该书中指出“爱、义务和互惠”的“无形之心”是竞争市场中“分散、自动、自我调控力量”的无形之手行使职责的基础(xii)。也就是说，她认为“无形之手”是已知的，并论证附加比喻的重要性。相比之下，我使用“一颗跳动的心”作为单一的比喻，其中包括供给功能、经济生活的规律性以及关怀(和勇气)。我认为，“看不见的手”，其隐含的自动性和对竞争力量的夸大，往往是一种误导性的抽象概念，而不是对真实的、幕后的、独立的现实的描述。因此，我完全没有把它列入我的建议意向中。

税。但如果从长远角度来看，我们应该意识到，我们同在一片蓝天下，需要找到同心协力，永葆青春的方法。

如果经济心脏受到忽视或滥用，它会变得虚弱、阻塞和退化。认为自由市场经济是自我调节机器的错误信念告诉我们，从本质上讲，心脏不需要照顾，即使我们一连几天都懒洋洋地一边看电视，一边吃薯条，心脏也不会出现任何问题。但经济心脏如果没有得到适当的关怀，它会停止货币和商品的流通。随着货币和商品的不健康因素的逐步累积，可以说经济会处于充血性“心脏”衰竭的危险。在美国，不平等现象急剧增多。1965 年，大公司首席执行官的收入是普通工人的 20 倍。据经济政策研究所报告称，到 2016 年，这一数据上升为 276 倍。随着我们进一步划分为有产者和无产者，这种悬殊的贫富差距正在损害我们的社区意识。虽然部分经济因“暴食而有心脏病发作”的危险，但其他经济实体却因供应链被切断，只能枯萎死亡。被遗弃的孩子只能接受贫穷和不达标的教育，被遗忘的乡村一片民生萧条，乡民们沉迷于毒品，城镇居民饱受哮喘和失业的折磨，这些都是病态经济的隐患。生病或受伤的心脏需要检查、诊断和关怀等治疗措施。作为一个活的实体，病情或伤势严重的心脏，或不能获得必需资源的心脏，都会死去。

作为一个有生命的实体，经济之心会与周围的文化、历史、生态和制度相适应并共同发展。正如鸟类心脏有别于哺乳动物的心脏一样，没有一个放之四海而皆准的经济体系。当争夺经济产品的权力冲突导致（字面或隐喻的）流血时，经济的心就会流血。[①] 不同于机械永动机，心脏显然需要来自外部的能量和养分，而这些最终都来自生态环境。当污染加剧，海洋水位上升，物种灭绝，以及资源退化和枯竭时，经济心脏就无法保持健康。

心灵是爱的中心。如许多神话和故事所示，心灵是关爱和同情的源泉。从无处不在的情人节贺卡到慈善活动的口号“有一颗爱心”，心灵象征着我们相互之间的深情厚意。心灵还象征着诚信和良心，就像某人所说：“我心里知道那是错误的。”在一些东方文化中，鞠躬时双手合十捂住心口代表尊敬，表示承认对方内心深处有一颗圣洁的火花。

经济是一颗跳动的心脏的比喻，既是身体供给的象征，也是关爱、尊重、道德和精神生活的象征。心脏作为身体器官的

---

① 对于研究经济学的学者而言，这种多样性意味着放弃“宏大理论”的想法，而转向更温和、有用的“中层”理论。机械模型对学术界的部分吸引力在于其（虚幻的）全面性，其基础是可以通过简单的，永恒的，类似几何的真理来描述经济。然而，放弃经济学与几何学类似的观点，并不意味着我们就必须放弃更好地理解经济生活的追求。继续使用心脏这个比喻，我们可以把生物学和医学的经验和实验实践作为经济研究的成果模式的例子。

存在，勾勒出“身体”的一面，而它作为爱心源泉的文化象征意义则唤起“灵魂”的一面。

最后，内心还是动力和勇气的源泉。所谓“心不在焉”是指你无法振作起来做某事。《绿野仙踪》中那只胆小的狮子要求有一颗心，让它有毅力。在经济学的发条比喻中，我们不需要勇气，因为我们只是机器上的齿轮而已，我们可以说“是系统让我这么做的”。另一方面，在经济学的核心中，我们需要所有我们能得到的勇气。我们需要它，因为我们有义务对我们的行为负责。

经济作为跳动的心脏的比喻，不仅将身体和灵魂融合在一起，还引导我们采取行动来解决贫穷、饥饿、不公、空虚消费主义，以及生态破坏等令人痛心的事情。由于没有机器可以为我们减轻这些负担，我们的工作就是让经济变得有活力和有爱心。虚弱的心灵将无法胜任这项工作。[①]

---

① 与任何比喻一样，“一颗跳动的心”的特征与经济的特征在字面上并不一一对应。例如，“经济如钟表”的比喻从来就不是为了暗示经济有指针或报时。在这些联想中，我并不是要暗示经济是没有思想的（借鉴过去“头”与“心”的意象），或者说经济可以被机器所取代（人工心脏）。没有一个比喻是完整的。

管理得法

通过多年写作和谈论该话题，我发现，一旦话题转向“关怀”或“心灵”，有些人就会闭嘴不听。这些人多半是男人。谈论关怀似乎有点显得黏糊，多愁善感，感情用事。它似乎只与女人（典型的“软心肠”）有关，而与男人（典型的“精明务实”）无关。人们可能认为，关怀是研究“社会”生活而非“经济”生活的适当概念，好像这两者可以分开一样。不幸的是，有时，这些关联会因为关注妇女（仅）从事的护理工作（例如，育儿或护理）或非市场领域（仅）的学术研究而无意中得到加强。对研究的曲解也导致一种流行的，但错误的观念，即，女人更注重“关怀”伦理，而相比之下，据说（错误的）男人更关注“正义”伦理。[①]

这使我开始思考如何重振人类对护理和市场内护理的责任。管理得法可能是一个有用的比喻。正如我在其他地方所描述的那样，根据《牛津英语词典》的说法，起源于农牧业社

① 虽然在被视为群体的男女中，在道德取向上似乎存在平均性别差异，但有大量证据表明，作为个体的男性和女性，往往在非常相似的程度上使用关怀伦理、正义伦理和/或两者。请参阅萨拉·贾菲与珍尼特·史布利·海德发表在 2000 年第 126 卷第 5 期《心理学公报》上的《道德取向的性别差异：荟萃分析》一文的第 26—703 页。

会的“to husband”的意思是，“像农民一样管理耕种（土地），修整或照料（树木和植物）并培育作物”。这个比喻使人联想到精心培育庄稼的自耕农，《圣经》中守望羊群的牧羊人，以及在塞伦盖蒂草原上扬鞭放牧牛群的游牧民。想象一下，牧民呼喊着牧羊犬、马或牛的名字。想象他对干旱和洪水的挑战、有关繁殖和保护的知识以及牧场地貌形态了如指掌。想象一下，他辛勤劳作，以顺应和尊重自然力量的方式，为他的家庭和社区带来生活必需品，并关注非人为因素所带来的影响。[①]

这个比喻具有明显的男性共鸣（当然，女人也可以“耕种”农作物和“培育”牲畜）。它还与传统上被视为“经济”的领域有着明确的关联：粮食、水果、肉类和牛奶的生产。然而，这也是关怀、精心照料，以及在许多方面密切参与的比喻。埃里克·刘和尼克·哈瑙尔也提出类似的比喻，将经济描述为需要打理的花园。[②]

考虑一下两者之间的反差，一方面是米尔描述的在经济机

---

① 引述于朱莉·A. 尼尔森发表于2016年第40卷第1期《剑桥经济学杂志》上的《畜牧业：（女权主义者）对男性照顾责任的重新认识》一文中第1—15页。

② 埃里克·刘与尼克·哈瑙尔合著的《民主花园：关于公民身份、经济和政府角色的新美国故事》。该书于2011年由华盛顿州西雅图市的大脚怪图书印制。

器中工作追求财富最大化的朴素“经济人”形象，另一方面是这种为大众从事生产和养育工作的男性形象。我们先来看看领导公司的问题。经济学理论中“激励型”首席执行官只关心季度损益表。他们审视这些报表的目的是在股市上好看，为自己赚取尽可能多的奖金。对于这种类型的领导者而言，他们的公司是生产沙滩椅还是关键药物并不重要；同样，员工是高兴还是不满，公司生产是损害环境还是有利环境，对于这些问题的解决需要一百年还是几个月，公司领导并不关心。对于他们而言，公司只是提供必须达到或超过预期季度回报的机制而已。

与此相反，管理企业得法的首席执行官了解企业的所有来龙去脉，并花时间了解企业员工的兴趣和个性。善于管理的首席执行官了解其供应商、客户、当地社区、大环境以及提供必要资金的人是如何支持公司发展的，并清楚如何投桃报李。善于管理的领导者具有长远的眼光，展望其企业的未来，就像农民精心维护土壤和种子的质量，悉心养育一代又一代的牲畜那样事无巨细，面面俱到。正如我们将在第五章和第八章所看到的，企业界的许多人认为这是合适的领导模式。与最近的经济学替代方案相比，这种模式具有更深的历史渊源和更多的最终效力（在维持企业长期发展方面）。

在公共政策层面，管理得法还是一个有益的形象。根据经济学的核心隐喻，政府应该在很大程度上把经济交给机械市场的假定“自我调节”。极端的自由市场理论家视决策者和官僚为自私的财富最大化者，就像商业中的“经济人”，并认为公职人员只是想中饱私囊。根据一种较为乐观的观点，许多经济学家认为决策者应该与经济学者商讨政策“机制”的设计，以及经济政策和措施的制定（例如，利率和税率）。相反，如果政界领导和政府机构能对不断变化的生活经济秉承仔细、用心、及时响应的负责态度来维持经济健康发展，那又怎么样呢？这将唤起有关公共服务的旧观念，它涉及经济和社会的各个部门和党派之间的真正参与和沟通，面向未来的思维以及智慧的培养。恢复这种形象，并致力于实现它，还有助于身心融合。

经济学与责任

当然，在工作场所的精神信仰、组织内的人际关系、商业道德、企业社会责任、爱心工作的组织，以及其他将道德和经济结合在一起的项目等领域，已有许多优秀人士在扎实地从事着有价值的工作。许多充满爱心的勇敢人士对创造和保持健康、有活力的经济生活很关注，并且已经开始工作。我没必要在他们的领域上白费功夫。

但是，我所描述的亲商务狂热者并不聆听这些人的任何诉说，因为他们相信，没有道德上的“阻碍”，斯密机器就能正常运转。记得米尔顿·弗里德曼曾说过，企业的唯一责任是为股东赚钱。一个企业如果为了关注员工、员工家属、客户或社区的人性需求而少赚一美元的利润，可能会被视为不负责任的行为！

反市场专家也不听这些诉说，因为他们确信“企业社会责任”是一个自相矛盾的术语。例如，大卫·科滕鄙视大公司那些表面上正大光明的行为，认为这些只是肤浅的公关手段，并对此发表了许多言论。[①]在卫生和教育领域希望保护“非经济价值观”的许多人士，将经济学等同于贪婪视为真理的基石。

我希望，通过追溯到17世纪，从根源上审视机器经济的比喻，我已消除了认真讨论当代经济生活伦理的一个障碍。发条隐喻的存在一直是阻碍对话和有用行动的重要因素。随着人们对发条隐喻产生质疑，“商业伦理”和“关怀经济学”似乎不那么自相矛盾。采用这样的比喻，例如，需要精心照料的跳

① 引述于科滕编著的《公司统治世界》一书的第74页。

动心脏或管理得法的花园等，则使我们继续前进。为了保持健康，我们的经济生活必须充满活力、富有爱心和责任感。“商业伦理”和“关怀经济学”并非选项，而是要求。

但是，我们需要在几个层面上解决一些现实问题。第一个层面是个人动机和人际关系。当一个人“为了金钱”做某事时，不就意味着他或她缺乏其他更温柔的动机吗？难道“有偿工作”不让员工受雇主的支配吗？这些都是第四章和第五章的主题。另一个层面是组织及其与外部世界的关系。在法律授权或市场力量的作用下，公司不是被迫以牺牲所有其他关切为代价来实现利润最大化吗？——这是第六章的主题。同时，非营利组织、政府和（或）特殊的“另类”企业的任务难道不是软化（或扭转）资本主义的打击吗？这个话题将在第七章中讨论。经济和环境的可持续发展不是相互之间存在着不可弥补的矛盾吗？我们将在第八章中讨论这个问题。

4

CHAPTER

爱与金钱

护理工作的动机

护理困境

罗莎·埃尔南德斯是一位有两个孩子的下层工人阶级母亲，同时也是另外两个孩子的养母。她接受了社会学家特蕾莎·托古奇·斯沃茨的采访。当被问及从出生起就和她一起生活的两岁的寄养儿童时，她回答说：

收养他让我操碎了心。如果你想爱他们，养育他们，给他们一个美好的家，你不可能不对他们产生感情。不过，那时社工和律师转过身说，如果我不收养孩子，他们会把孩子带走；毕竟我与这孩子毫无关系。但我们负担不起，孩子有哮喘病，如果孩子走了，我们将失去孩子的医疗保险。那么我们经济上就损失大了，我们则无法照顾任何人。

斯沃茨博士还采访了监督寄养父母的社会服务专业人士。她发现，社工和律师指责罗莎和其丈夫："只是为了钱才收养男孩，并没有真正照顾男孩的心。"①

① 这两句引文均出自特蕾莎·托古奇·斯沃茨发表在2004年10月第18卷第5期《性别与社会》上的《为国家而生育：养育子女和政府面临合同制护理工作的挑战》第583页。

这到底是怎么回事？埃尔南德斯女士本着对经济和道德负责的态度工作着。她和她丈夫（一位月收入为1000美元的码头工人）一起认真地承担起养家糊口的责任。他们还认真对待与小男孩建立的爱和亲密关系。在前面介绍的列表和概要中，这些寄养父母重视列表Ⅰ和列表Ⅲ，认为爱和金钱是相辅相成的。男孩的医疗保险金支持他们继续照顾他。但是，如果他们不收养男孩，他们将失去这些资金。

相反，社会服务专业人士则采取一种只讲道德、反对金钱的观点。他们把埃尔南德斯女士对金钱的兴趣看作是一个信号，表明她并不关心这个男孩本人。他们如此关注对男孩的非经济方面的照顾，以至于完全忽略了埃尔南德斯家庭所面临的实际需求和限制。他们也许认为自己属于列表Ⅲ的人，关注弱者和需要帮助的人。我将他们与列表Ⅱ联系起来，他们过于关心“更高层次的东西”而变得有点超凡脱俗，对工人阶级家庭所面临的经济现实居然视而不见。他们心高气傲，以至于准备将一个男孩从他所爱的人和爱他的人手中夺走。[①]

归根结底这涉及一个动机问题。一个人做事出于爱心同

---

① 令人欣慰的是，在这一特殊情况下，规则在一年后被修改，允许继续提供医疗保险和一小笔津贴，于是埃尔南德斯一家收养了这些孩子（见斯沃茨撰写的《为国家而生育》一文中第583页）。

时也出于金钱吗？许多人对此的答复是“不”。他们认为，任何为钱而做的事情都会自动变为“商品化”。他们以狭隘的利己计算来认定涉及金钱的交易。他们可能认为，一个工人愿意接受很少的报酬来做护理工作，是他或她具有适当同情心的标志。①

护理与低薪

从历史上看，护理工作当然是非市场工作，而从文化上看，市场化工作本质上是苛刻、冷漠的。这种爱对钱的意识形态与中产阶级家庭中盛行的社会安排非常吻合。

如前所述，在维多利亚时代，人们认为市场上的经济生活是冷酷、无情和机械的。在世人看来，中产阶级男人们白天经过残酷的商业竞争折磨后，晚上需要回到家的港湾。承载着浓浓爱意的温馨家庭和女人的温柔体贴呵护，往往可以为拼搏男

① 有关证实这种观点盛行的卫生保健管理人员调查，请参阅朱莉·A. 惠特克撰写的《寻找富有同情心的女性：“劳动力危机”背景下的医疗保健经理对低薪护理人员的印象》（刊登于2008年威斯康星－麦迪逊分校的工作文件）。

人提供休憩的避风港，同时也为整个社会提供精神慰藉和教化作用。

中产阶级女性在家里对儿童、病人和老人的照顾，只是间接获得丈夫在经济上的支持。因为在流行的文化和法律中，配偶之间的关系很大程度上被视为相互馈赠（而不是“粗暴的”交换），妇女在家中所做的事情不被视为“工作”。过去，妇女被认为是丈夫的经济依赖者。因此，她们实际用在护理方面的时间和金钱资源，在过去与财务或市场毫无明显关联。

虽然维多利亚时代的意识形态今天被一些团体所提倡，但它从来没有真正准确地描述过经济生活。除了小部分精英外，不为报酬而工作的妇女仍然在工作。她们做出了巨大的经济贡献，为家庭提供烹饪、清洁和照顾。更多没有中产阶级丈夫的妇女直接与工业经济中最艰难的部分打交道。血汗工厂雇用了大量少数民族、移民和贫穷妇女。她们年幼的孩子经常在她们身边工作，工作时间长，工资却很低。维多利亚时代的“家中天使”的中产阶级意识形态掩饰了管理家庭的工作，掩盖了无情工业化对穷苦男人、女人和孩子的影响。

即使护理工作开始越来越多地走出家庭，但认为护理工作不是严肃的创收工作的想法仍然存在。早期的护士通常是那些矢志甘愿贫穷的修女。另一些护士是年轻的妇女，她们在结婚前把护理工作作为一种临时性职业。由于她们没有人需要赡养，并将她们所有的幸福寄托于她们的修会、神父，或未来的丈夫，所以也不需要向她们支付高工资。早期的护理学校和日托中心通常由已婚的中产阶级教会妇女创办，作为针对弱势妇女和儿童的慈善机构。她们的收入很少，只有“零花钱”，因为主要靠她们的丈夫来“养家糊口”。同样，初级教学工作也由这些修女、年轻单身女性和有工作丈夫的已婚女性负责。护理的经济支持仍然只是间接地通过家庭或宗教支持来实现，而不是直接提供给护理人员。

维多利亚时代的“关怀之家”与“冷漠工厂”的意识形态仍然经常引起我们的共鸣，因为我们认为，护理工作的动机有一个质量方面，而其他类型的工作则没有（或不那么明显）。护理工作的本质是建立在对被抚养人的个人情感关怀上。我们希望，护士、保健助理、儿童保育员和养父母，都是真诚地关心他们所帮助和培养的人的福祉。我们当然不希望从事这些工作的人只考虑自己的薪水。我们有理由担心，护理工作会出现我们认为的工业流水线思维方式。我们不希望在养老院的奶奶或在日托所的孩子受到工作人员的粗鲁和冷淡对待，这些工作人员仅从注射次数或换尿布次数来衡量其工作。我们希望确信护理工作中有爱心的参与。

然而，维多利亚时代思想观念的历史遗留问题使我们倾向于只考虑错误的选择。我们倾向于认为，工作要么是冷酷地“为了钱”，要么是“自由地”为了爱。我们往往认为，真正的关爱应该像取之不尽用之不竭的泉水一样从大自然中涌现出来。

时光推移，世事随之改变。过去大量后备女性可以从事护理工作，因为当时其他工作不对她们开放。如今，商业、法律、医学和其他职业都对女性开放，只有小部分女性从事护理和教学工作。因为有其他方面的支持，而能够接受低薪或无偿工作的女性人数也有所减少。宗教职业急剧减少，单亲家庭和双职工家庭日益成为社会的主流。如今，儿童保育中心、养老院和家居医护服务机构经常抱怨找不到足够的好工人。医院似乎也面临护士短缺的困境，甚至不惜从国外招聘。学区也在努力寻找足够的高素质和有经验的教师。护理工作的后备军似乎不再是取之不尽用之不竭的了。

考虑一下工人短缺的问题。当雇主找不到所需要的工人时，他们通常会怎么做？如果雇主找不到足够的流水线工人、销售人员或工程师，他们会采取什么策略？这些工作不具有大量的、明显个人护理成分，我们通常认为人们“为了钱”从事这些工作。当然，自从亚当·斯密时代以来，我们越来越认为人们在经济生活中是自私自利的。如果公司提供的经济补偿不足以招聘足够的流水线工人、销售人员或工程师，则公司只能通过提高工资和福利来招揽员工。

为什么护理职业不这么做呢？经济学家安东尼·海耶斯在2005年发表的一篇名为《职业经济学或“为啥低薪护士是好护士”？》的文章中总结了许多人的观点。[①] 他认为，像公司招聘工程师一样，提高工资来招聘更多护士是一个糟糕的政策，因为这会吸引到错误的人。他认为，受高薪吸引从事这份工作的人仅仅是“为了赚钱”。据推测，为了赚钱，这些受金钱驱使的人会装出一副表面上细心呵护的模样。与此相反，他认为，低薪意味着只有出于高尚职业的利他主义者才会愿意接受这份工作。换言之，害怕“经济价值观”玷污关爱的人们认为，只有低薪才能保护护理工作的纯洁性。因此，即使面对持续不断的人员短缺，提高工资来招聘或保持护理工作人员的想法很少有人提及。

但这种假定的关怀与金钱动机的对立是事实吗？还是我们只是停留在过时的思维方式中？

---

① 引述于安东尼·海耶斯发表在2005年5月第24卷第3期《健康经济学杂志》上的《职业经济学或“为啥低薪护士是好护士”？》一文中第69—561页。关于回应，请参阅南希·福尔布雷与朱莉·A.尼尔森合作发表在2006年5月第24卷第3期《护理经济学》上的《为什么工资低的护士是好护士？》一文中第30—127页。

研究人员有关爱与金钱的言论

有些人想争辩说，金钱可以驱走关爱，他们认为他们能从哲学和社会科学的零碎材料中找到确证，但是，如果我们把这些论点看得再仔细一点，证据面放得再宽广一点，我们就会看到，所谓金钱动力驱走内在动力只是整个故事的一部分。

金钱“取代”人性关爱

于尔根·哈贝马斯在第二章中介绍了他关于“生活世界”与“制度”的工作，他从哲学的角度认为，金钱与关怀是不相容的。他写道，金钱“驱动”经济系统。他认为，每当非人格化的金钱进入现场并“殖民”生命世界时，活动就会被“技术化”，并被剥夺了人和社会的意义。

在哈贝马斯看来，货币确实有自己的生命和力量。他声称货币是由“黄金或执法手段”支持的，因此货币的使用并不需要社会合法性。[①] 他对世界的看法基于这样的观念，即，货币作为一种客观现实存在于社会生活之外，服从于与社会关系无关的规则。

① 引述于哈贝马斯编著的《交往行为理论》第 266 页、第 270 页和第 272 页。

一些社会科学研究也支持这样一种观点，即在受到金钱的激励时，人们从事某项活动的内在动机可能会趋于枯竭。特别是，理查德－蒂特姆斯对美国和英国人体血液供应的比较研究，经常被作为证据，证明金钱动机和关爱动机是完全相悖的。[①] 在他进行研究时，英国依靠自愿供血，而美国既依靠自愿供血，又依靠有偿供血。蒂特姆斯发现，与英国系统相比，美国系统提供的血液质量较低且成本较高。他认为，建立一个血液商业市场会降低人们自愿献血的意愿。将人们的慈善动机与金钱交易直接并列在一起，似乎会贬低这种献血行为，使其商品化。蒂特姆斯的研究结果经常被广义地解释为，由关怀引起的"礼物"关系与由金钱引起的"交换"关系完全不一样。

心理学家还做了许多实验。要求参与者执行任务或做决定之前，他们先用"金钱"刺激参与者，以此操纵参与者在实验中的行为。例如，向实验参与者展示现金，并让他们触摸真钱，以此提醒他们该实验有金钱的奖励。心理学家凯瑟琳·D. 沃斯在最近对这项研究的一篇综述中总结称，大部分研究表明，对于那些"知道有金钱奖励的人而言，他们的人际关系不协调。

① 引述于理查德·M. 蒂特姆斯编著的《礼物的关系：从人血到社会政策》。该书于1970年由伦敦的乔治·艾伦和昂温公司印制。

他们不怎么愿意助人为乐，缺乏爱心或态度不热情。他们回避相互依存”[①]。一些人认为，这是金钱刺激产生的后果，因为这使人们想起了成本、价格和市场交易。金钱和市场似乎又一次有损爱心。

金钱“难泯”人性关爱

首先，让我们研究一下哈贝马斯有关金钱的主张。金钱到底是什么？除哈贝马斯外，许多人仍然认为美元是代表诺克斯堡的金锭的凭证。但实际上，今日的金钱完全是一种社会创造！20 世纪 30 年代早期，国际黄金标准崩溃了，而且美元可兑换成黄金的所有想法在 1971 年完全遭到摒弃。

非常重视货币的经济学家十分清楚，货币在交换中的作用恰恰在于其使用者同意它有价值。国家货币的价值没有外部的“执行力”。在用户的眼中，国家中央银行的主要功能之一是采取行动保持国家货币的合法性。各国央行经常努力地向人们保证，他们的美元、比索或欧元可以被信任，在贸易中仍然可以被接受，并作为一种价值储存。央行领导者把时间花在担心信

① 引述于凯瑟琳·D. 沃斯发表在 2015 年 8 月通用第 144 卷第 4 期《实验心理学杂志》上的《投钱可以改变人们的思想、感觉、动机和行为：十年实验的最新进展》一文的电子版第 86—93 页。

念、期望、可信度、声誉、合法性和集体决策问题上，根本不在意某个金库中的黄金数量。[①] 近期经济史上的一些重大国际动荡是直接由于合法化危机引起的，这种危机是在人们对恶性通胀或大幅贬值的预期导致公众对货币价值缺乏信心时引发的。货币没有黄金或执法的支持。在很大程度上，它是一种社会创造。

因为金钱的意义完全取决于社会信仰，哈贝马斯关于金钱是社会意义的破坏者的哲学论点根本没有意义。

蒂特姆斯的证据如何？经济学家布鲁诺·弗雷潜心研究金钱与动机之间的关系。和蒂特姆斯一样，他得出结论，诸如付款之类的“外部干预”可以“取代内在动机”，这种内在动机源于关爱、伦理、忠诚或对活动的享受。不过，他发现这种情况发生在特定的社会环境中。[②] 当“内在动机被认为具有控制力时”，金钱支付可以取代内在动机。就是说，当人们感到必须将对自己行为的控制权移交给其他人才能获得报酬时，他们的内部动机往往会受到削弱，甚至可能消失。例如，假设某人

① 请参阅默文·金发表在2004年第94卷第2期《美国经济评论》上的《货币政策制度》的第1—13页。

② 引述于布鲁诺·弗雷编著的《不只是为了钱：个人动机的经济学理论》(该书于1997年由英国切尔滕纳姆的爱德华·埃尔加出版社出版)。

选择了咨询职业，因为他喜欢帮助别人。假如，他的工作单位要求他遵守大量严格的例行程序，并提交大量文书，以至于他常感觉自己陷入困境，并受到怀疑。工作单位将他视为机器上的一个齿轮来看待，他很可能最终会“为了金钱”而工作。

然而，另一方面，弗雷发现如果金钱支付“被视同承认”，则“内在动机会掺杂其中”。如果金钱支付承认并支持工人自己的目标和愿望，那么它们将强化并提升工人的内部动力和满意度。人们喜欢在工作中得到支持和认可，金钱报酬是表达这种支持和认可的一种方式。例如，顾问认为自己的组织尊重自己的工作，并用金钱来支持这种尊重，他的士气就会高涨，从而增强了他对自己帮助他人能力的信心。获得加薪和尊重令人振奋。

在我家，我目睹了“控制式”管理风格可以驱使护理工作，而“认同式”管理却能支持关爱的案例。我的大姐在一家大型医院工作，多年来她一直觉得遭到剥削、无人赏识，在工作中任人摆布，几乎不想从事护理工作。工作日程表由上级下达，护士被迫在各科室流动，而工作职责往往超出她们的专业知识的范围。微薄的加薪需由管理部门同意，而管理部门似乎对护理人员（有时也包括患者）的福利漠不关心，如果不是强烈反对的话。她觉得自己不受尊重、被过度控制，“只是为了钱”她才最终勉强拖着身子去上班。然而，当她跳槽到另外一家较小的医院后，她意识到让她疲惫不堪的不是护理工作，而是糟糕的管理风格。在新医院，她和科室其他护士受到尊重，可以在与她们的技术和岗位匹配的科室制定她们自己的工作日程表。一天下午，我姐打开新雇主寄来的信，突然大吃一惊。原来，新医院管理部门在审查当地护士工资的研究结果后，决定给所有的护士在没有计划和没有要求的情况下加薪！我姐再次对自己的职业选择感到满意。对于她从事的护理工作，她觉得受人尊重，并能赚取不菲的收入。

关于金钱“刺激”的故事远比乍看起来要复杂得多。除了金钱刺激使人们（一般来说）不太热衷于助人为乐外，沃斯评论还指出第二个主要影响：与受到非金钱刺激的人相比，受到金钱刺激的人会“努力完成具有挑战性的任务，表现出良好的状态，并且效率相当高”。所以结果并不全是坏事。而且结果可能会根据线索的微妙变化而改变。事实证明，用信用卡而不是现金刺激，往往会导致截然不同的结果——放松自我约束，而不关注成本。在一项实验中，以信用卡形式向慈善机构支付意向捐助款的金额要比事先打算捐助的金额增加两倍。[①] 这似

① 引述于沃斯撰写的《投钱可以改变人们的思想、感觉、动机和行为》一文的电子版第 86 页、第 90—91 页。

乎很难证明人们的自私自利的行为在增多。

另一些心理学研究可以解释这一现象。“双偶过程”研究人员研究了两种不同的决策方式导致的行为差异。一则直觉决策，用我们的“直觉”“感觉”一种回答的方式。通常，快速做出决定是我们唯一可以控制的方式。二则分析和协商决策。我们需要花不少时间，进行推理和计算，以权衡各种选项。在做出道德决定和采取道德行动时，涉及情感的过程似乎更为重要：原因往往只是对已经做出的决定的事后辩护。[①]

然而，与我们的故事有关的是，这两种决策过程倾向于相互排斥，我们不可能同时进行两种决策过程。现在的实验研究表明，人们必须采取分析手段，而不是感觉方式，才能压制形成道德反应的关键情感线索，例如，做决定前，人们必须进行数学计算。由于将决定描述为“技术性”[②]，人们不用关注决定的道德层面。因此，我认为，金钱的多少是不是导致在金钱刺激研究中所提及的人们不怎么助人为乐的原因，这一点值得深思。我们可能注意到，现金形式的货币具有明显的数字面额，这可能刺激人们各自盘算心里的那点小九九。相比之下，尽管

①② 引述于约书亚·格林编著的《道德部落：情感，理性以及我们与他们之间的差距》（该书于2013年由纽约的企鹅出版集团印制）；乔纳森·海特编著的《正义的思想：为什么好人被政治和宗教所分裂》。

信用卡比现金更能促进市场交易，但它不具备数字面额，因此用户对花费的金额不那么敏感。所以，通常情况下，由于现金常提醒人们注意市场和交易，也刺激人们精于算计的头脑，无形中人们在花现金时，会不吝啬吗？[①]

当然，有关经济的机械观点在这里无济于事，鼓励人们将经济活动与计算和非人格化联系起来，可能直接抑制人们的道德动机。用充满活力的社会经济观念来取代陈旧的机器隐喻，可以扭转这一过程。事实上，金钱具有多种含义，既可用来合计记账，也可以作为薪水、奖励、礼物、贿赂、证券、赔款，以及作为养家糊口、照顾我们的朋友和家庭的手段。[②]尤其，正如金钱“难泯”人性关爱的故事所展示的，金钱还代表了尊重。

---

① 这方面的证据可以在阿里尔·鲁宾斯坦发表在2006年3月第116期《经济期刊》中的《怀疑论者对经济学研究的评论》一文的C1–C9中找到。鲁宾斯坦要求实验环境中的受试者将自己想象为高管，并向他们展示了一个场景，在这个场景中，赚取更高的利润需要裁减更多的工人。对于一些人来说，利润和就业水平之间的权衡可以用一个数学公式来描述，这需要他们进行计算。另一些人则以表格的形式收到了权衡信息，他们可以从表格中选择自己喜欢的选项。那些必须进行计算的人比那些不进行计算的人更有可能以牺牲工人的利益为代价来实现利润最大化，这一点非常明显。

② 欲了解更多信息，请参阅维维亚娜·泽利泽编著的《经济生活：文化如何塑造经济》（该书于2011年由新泽西州普林斯顿市普林斯顿大学出版社印制）。

因此，并不是说金钱就一定能“赶走”关爱之情。至少有一部分是出于金钱的动机，与出于关怀或其他关切的动机并没有本质上的对立。一位护士在网上论坛回应前面提到的海斯文章时，总结得很好：“我确实是自愿从事护理工作的。但我并不甘于贫困。是什么使人们认为两者可以相辅相成的？”[①]在健康的经济中，人们既要讲金钱，也要渴望得到关爱，并以负责任的态度行事。

经济动机

让我们进一步仔细研究一下经济学、金钱和自私的关系。长期以来，“经济动机”一直被视为经济的自我利益，甚至贪婪，我们有必要停下来问问，当我们说人们受到“经济”驱动时，到底是什么意思。

首先要注意的是，即使在最明显的“经济”情况下，人们也不会仅仅出于经济利益而行动。经济行为不仅仅是为了赚

① 在Allnurses.com网站上刊登于2006年8月20日UM评论有关注册护士针对论坛“更好的报酬＝更好的护理吗？”所发表的评论。

钱。要注意的第二点是，即使金钱在经济行动中起着重要作用，这并不意味着一个人是贪婪的。受金钱驱使的行为不一定是自私的。

经济行为不仅仅是为了赚钱

最近，一项有趣的经济实验引起了社会科学界的广泛注意。在“最后通牒游戏”中，两个人被告知他们可以分享一笔钱，比如 20 美元。第一个人提出分配这笔钱的方案。例如，第一个人说可以与第二个人分享 10 美元，或者仅 8 美元或 1 美元，余下的他自己要。第二个人对方案没有意见，但可决定是接受还是拒绝。如果第二个人拒绝方案，那么两个人将徒手离开。如果方案被接受，则两人拿到钱并按计划进行分配。如果两个人的行为只是出于狭隘的经济自我利益，那么第一个人为了获得最大利益，可以给第二个人最少的钱，比如说 1 美元。第二个人应该会接受，因为从纯粹的经济自我利益来看，1 美元好过什么都捞不到。

事实上，研究人员发现，与对半分配相差太远的交易往往会被拒绝。人们宁愿一无所获，也不愿受到他们认为不公平的对待！

经济关系总是发生在社会环境中，因此，认为人们的经济行为仅由其个人的经济利益决定具有一定误导性。社会理论家霍华德·马戈利斯认为，大多数人并非纯粹出于自身利益，而是渴望成为“NSNX”，即“既不自私，也不受剥削”[①]。换言之，一般来说，人们愿意助人为乐、合作共处，以及在一定程度上，为公共利益做出贡献。例如，在一个运转良好的社会中，即使在违法被抓的机会很低的情况下，大多数人也要避免偷窃并缴纳税款。人们甚至会捐款给慈善机构。如果人们意识到自己身处一个正派社会，社会人都愿意诚实地承担自己的责任，那么他们也会如此行事。

然而，正如马戈利斯指出的那样，当人们觉得他们所做的超过他们所得的，并且其他人正在利用他们时，转折点就出现了。像最后通牒游戏中的第二个人一样，如果人们觉得自己没有得到应有的尊严，他们会变得不合作甚至报复。如果人们认为自己身处这样的社会，在那里其他人偷窃、欺骗并私藏好东西，他们可能会效仿，以避免成为笨蛋。

考虑一下，由于我们的实际经济行为在很大程度上受到社会观念和信仰的影响，我们对经济生活的信念有可能成

① 引述于霍华德·马戈利斯编著的《自私、利他主义和理性》（该书于 1982 年由剑桥大学出版社出版）。

为自我实现的预言。当有人传播机器神话时，人们在其经济生活中始终留意自己的经济自我利益，这是在鼓励哪种行为？这是出于共同利益的慷慨行为，还是防御自我保护的态度？虽然相信他们只是在描述经济机器，但实际上，那些坚持这一观点的人却很明确地规定，维护经济花园是错误的行为。

金钱动机的行为并非总是自私的

人们需要金钱，来交租金、买衣服、满足家庭和孩子的需求，真正的人需要承担真正的责任。在现代经济中，为了养活自己和他人，人们需要参与货币经济。养母罗莎·埃尔南德斯明白这一点，尽管与她打交道的中产阶级社会服务专业人员并不清楚此中的道理。她确实关心她照顾的孩子。但照顾孩子、带孩子看医生治疗哮喘之类的时间，她不能在工厂或办公室打工挣钱。如果她花时间照顾孩子，这种照顾需要在经济上得到某种或其他方式的支持。或者，一位护士说得更直接：“我自愿从事护理工作，但我也是一位母亲，有三个嗷嗷待哺的孩子。”[①]

① Allnurses.com 网站上刊登宾迪于 2006 年 8 月 30 日针对论坛“更好的报酬 = 更好的护理吗？”所发表的评论。

有时人们会把金钱和自私的关系反过来看，并认为自愿低薪从事某种工作是具有爱心和怜悯的表现。他们认为，具有同情心的人必须自愿“自由地”提供服务，并且真正具有爱心的人应该不在乎他们的金钱报酬。

不过，针对育儿工作人员和低薪家庭保健员的调查显示，她们十分清楚，自己的薪水相对于其他职业而言是多么糟糕，这也是这项工作跳槽如此频繁的原因之一。在一项研究中，半数以上的育儿工作人员和主管在接受采访时，表达了这样的观点，“我喜欢我的工作，不过，我准备离职”[①]。许多工作人员从护理年轻或生病客户中感受到真正的关怀，并在工作中找到满足感，但最终他们会被迫离开去从事一些更挣钱的工作。她们可能继续从事护理工作，直到离婚、孩子的出生或其他生活事件迫使她们承担更大的经济责任。或者，因为她们厌倦了在经济和社会上被低估和不尊重的感觉，她们会离开。

对于那些受过良好教育且技艺精湛的人而言，在护理工作中受到剥削的感觉尤其强烈，因此往往会选择有吸引力的其他工作。许多优秀的护理工作者离开护理行业，转而从事高薪且

---

① 引述于凯西·莫迪利亚尼编著的《将儿童保育视为一种冷漠文化的职业》第22页。该书是1993年会德丰学院的博士论文。

社会地位较高的工作，一则她们讨厌贫穷，二则她们有能力离开。在需要承担真正个人和家庭职责时，你必须注意到，如果收入低，许多本可以成为优秀护理工作者的人实际上无法继续从事这项工作。

当我们不支持护理工作时

与其思考爱和金钱的对比，不如思考爱与金钱的关系。实际上，如果我们真的希望社会中有更高水平的爱心和关怀，我们需要花时间和金钱支持这一目标。继续将经济学视为某种与关怀和道德行为相反的行为会导致一些严重的问题。其中包括护理质量的下降和剥削，使护理工作处于弱势、从属的地位。

你希望谁从事护理工作?

如果人们有诱人的其他选项，往往会离开低薪的护理行业，谁会留下来？有时，那些真正有爱心的人，因为她们得到家庭其他成员的支持，没有负担，或者愿意从事三份工作，因此她们能够承担起经济上的牺牲。但是，除了利他主义外，人们接受低薪的另一个原因是，她们没有其他选择。美国的传闻证据表明，受雇于低薪保健助理、儿童看护助理和养父母等职位的人，是一些没有文化和低技能的人，有些还有吸毒或犯罪的背景。因为工作描述中列出的体力工作只需要基本的生活技能，所以当前基本护理工作能吸引的是大量很难在其他领域找到工作的人。她们可能会，也可能不会真正关心她们被雇佣来帮助的人。如今，照顾宝贵孩子或尊敬祖母的人，可能只是因为她们没有资格在麦当劳工作，才这样做的。我们愿意相信事实并非如此，但残酷的现实表明，护理工作是经济中工资最低的工作之一。

毋庸置疑，我们希望护理人员真正具有爱心。但低薪不能保证护理人员出于真爱而工作。由于个人责任感和其他工作的吸引力，较高工资也不会不成比例地吸引人们“为了钱”而进入这个领域。较高工资可以吸引有爱心的人（真正关心他人的人）从事护理工作（也就是，致力于护理工作）。确保优质护理的最佳方法是，不是为了吸引（大概）那些甘愿自我牺牲的人员从事护理工作而保持低工资。

获得真正护理人员的最佳方法是提供一定的经济支持，这样可以扩大候选人的范围，并使人们在工作中得到适当的认可和奖励。经营养老院、儿童保育中心和社会服务机构等的人可以好中选优，优中选强！在面试和工作中被证明最具敏感、最有爱心的工人可以获得这份工作，其薪酬会让她们觉得自己所做的物有所值。不错的薪水可以鼓励员工敬业爱岗，建立长期的人际关系，从而促进人们的发展和康复。

剥削

与其他工人相比，护理人员更容易受到剥削。例如，由于经济利益与自私的文化联系的阻碍，护士无法强烈抗议人手不足和不公正的低工资问题。在那些不涉及护理的职业中，真正受够了的员工可以直接辞职不干。但护士和其他护工却发现很难拒绝加班，更不用说罢工了，因为根深蒂固的职业道德不允许她们离开无助的病人或孩子，除非有其他人在那里顶班。正如女性主义经济学家南希·福尔布雷所说，在一定程度上，她们是“爱的囚徒”①。

管理层深谙此道。护理工作者为改善自己和被照顾者的境况的努力，遭到了管理层“爱与金钱”主题的战略操纵的阻碍。例如，在马萨诸塞州布罗克顿市，护士经过精心计划在尽量减少对必要护理的干扰前提下，于 2001 年举行罢工。主要的谈判要点包括人员配置、被迫加班、不当流动，以及收入等问题。

① 引述于福尔布雷编著的《看不见的心》一书的第 38 页。

换言之，医院过去通过增加现有护士的工作压力和降低护理病人的质量来解决护理短缺问题。护士被迫照顾过多的病人，在劳累过度和意外的时间工作，并被“派到”与她们的专业知识不相干的科室工作。

医院对此如何应对？它还是玩弄老掉牙的“爱与金钱”的花招。据《波士顿环球报》报道：“医院高管表示，护士的真实动机是想获得高薪。”也就是说，医院试图向公众表达，“罢工的是那些自私的护士。你们也不想支持自私的护士，对不对？”根据医院高管的说法，护士也在“推进她们的立法议程”。也许，干涉政治不是护士的长项。为了使情况更糟糕：医院副总裁罗伯特·修斯居然说，护士工会未等管理层的答复，直接就离开了。他说：“我对此真的感到震惊。”对于很大程度上，通过联系和关爱来定义自己身份的人而言，有关护士粗鲁、不愿意交流的指控，令人不寒而栗。①

比方说，即使钢铁工人罢工明确要求加薪，你能想象他们会受到这样的严词抨击吗？我不能。除护理人员外，世界上所

① 2001年5月25日的《波士顿环球报》刊登了一篇文章：《因合同谈判失败，布罗克顿的护士们打算罢工》。护士们一直罢工到2001年9月，直到医院同意在人员编制、强制加班、不适当的浮动和工资等方面做出一些让步后，才叫停罢工。

有其他人都应该关心自己和家人的福祉。但在一定程度上，人们认为经济和政治讨论会以某种方式贬低“真正的”护理工作，最终结果是，护理行业缺乏资源，护理工作者饱受剥削。

硬币的一面

你能“为金钱”而从事一份本质上明确要求你有爱的能力的职业吗？本章认为答案是“能”。

这个问题的另一面与动机有关，我们认为人们的动机是金钱。比方说，当人们在现代化工厂，办公室或公司中“有偿工作”时，这是否意味着他们摒弃了人类的关爱和同情能力，甚至可能放弃个人意愿？还是更广泛的人类动机在那里也同样重要？

5

CHAPTER

金钱与爱
工作动机

为钱而工作

现在，让我们转到另一个话题，考虑那些我们认为人们主要“为钱”而工作的职业。我们未必希望流水线上的工人、销售人员或工程师将他或她的许多情感生活带到工作中。经济生活的非个人、有规律的观念，至少在表面上是合理的，但金钱只是问题的一部分。

企业内部的个人动机

简单、传统的故事是，人们在“劳动力市场”（另一处用东西换钱的地方）找到工作。工人与雇主签订合同，以提供服务换取工资。这个过程不带任何感情色彩，所有交易都是近距离达成的。简单来说，工资的支付将员工行为置于企业的绝对控制之下，要么直接控制，要么层级管理。企业老板或股东可以说是每个工人活动的最终主管。实际上，在19世纪末和20

世纪初，泰勒主义、福特主义以及严格的控制性“科学管理”学派的教义都鼓励企业将员工看作另一种工具或机器。

对于亲商务狂热者而言，这是件幸事。市场的“无形之手”可以协调这些就业情况，以产生最高的效率和最大的社会福利。根据这个故事，企业不需要直接关注其员工的福利。他们相信，如果他们专注于利润，其余的都会自动按部就班地落实到位。

对于那些持反市场观点的人而言，从本质上来说，雇佣关系是一种资本主义疏远的标志。他们认为，资本主义工资关系使工人与他们的双手和头脑的产品分离开来。社会学家朱莉娅·奥康奈尔·戴维森在将资本主义的雇主与雇员关系描述为一种支配关系时，重复了通常的机械观点，这种支配关系指的是“那些雇人实现自己意愿的人”与“那些受雇放弃自己意愿的人”之间的关系。①

但是，这种传统说法完全正确吗？雇员与工作场所的关系仅仅是一种用金钱换取无条件服务的市场关系吗？

一旦我们观察公司内部，会发现这个简单故事里存在着矛

---

① 引述于朱莉娅·奥康奈尔·戴维森发表于2002年第17卷第2期《女权主义哲学期刊》上的《卖淫的是非》一文的第86页。

盾。约翰·斯图尔特·米尔建议经济学家假设，人们希望通过“尽可能少的劳力和身体自我克制”来获得他们渴望的东西。但如果这是真的，就会产生问题。尽管人们可能已签约为公司的利益而工作，但米尔的理论暗示着，一旦被雇佣后，每当他们没有受到严密监管时，他们会不会逃避责任？

如果仅通过签约工作来换取小时工资或年薪不能直接买到对企业利益的坚定忠诚，必须找到激励人们的其他方法。企业可能要求主管时刻监控员工，试图让员工循规蹈矩。此外，企业还通过按件支付工资来激励生产工人，并雇佣检查员检查所生产商品的质量。企业可能通过与公司财务绩效挂钩的股票期权奖金“激励”高管，业绩由独立审计机构审核。但是监督员、检查员和审计员的聘用成本很高，而且还需雇人监督他们遵守规则。可见，只通过外部奖励和处罚来管理企业是一项非常昂贵的建议。

相对于其他选择，它可能无效。正如上一章节所讨论的那样，人们在经济交易中受到外部和内部动机的激励。他们希望获得奖励（如薪酬），避免受到惩罚（如被解雇）。但他们也希望对他们所做的和他们受到的待遇感到满意。也许米尔是错误的。如果人们对雇主忠诚，为自己的工作而感到骄傲，或对与同事的关系而感到高兴，他们也许会愿意付出更多的努力。或许，雇主与其将员工看作齿轮和轮毂，并压迫他们工作，不如把员工当人看待，承认他们的尊严、他们的社会和情感需求，这样可能会更好。

有关员工行为的大量证据证实了这种直觉。很早以前，许多研究企业、人事管理和组织的学者发现，人们不会简单地将他们对社会关系的需求、他们的价值观、他们的忠诚度以及他们的创造力留在工作场所。在一篇被广泛引用的有关员工激励的经典论文中，弗雷德里克·赫兹伯格指出了这种复杂性。他的数据表明，让人们对工作不满意的因素与让人们对工作感到满意的因素是不一样的。例如，他发现，薪水太低、老板讨厌或工作条件差，都会使人们对其工作感到不满。不过，仅仅改进工作上的不足之处，不可能吸引人们来工作，并对所做的感到满意，要想获得真正的工作满足感，人们需要感觉到他们正在取得成就，享受工作所带来的乐趣，和/或感受到成长和承担责任的挑战。[①] 经济学家很晚才意识到激励很复杂，不过，我们中的一些人最终会理解这一点。[②]

① 引述于弗雷德里克·赫兹伯格发表于1968年1月—2月的第46卷第1期《哈佛商业评论》上的《再一次：你如何激励雇员？》一文的第53—62页。

② 引述于费尔和福克编著的《激励的心理学基础》。

许多研究人员发现，如果企业相对较少地依赖层级和控制，而更多地根据人们的社会和情感需求来组织工作场所，企业可能会更成功。例如，商业学者詹姆斯·C. 柯林斯和杰里·波拉斯研究了长期以来大量异常成功的企业，得出结论是，关注价值是它们的主要特征之一："人们有一种基本的人类需求，就是对他们的所属感到自豪。他们对指导价值观和使命感有根本的需求，一种与他人建立联系的基本需求。员工要求经营自主权，同时也要求他们所联系的组织要有所作为。"[①]许多组织行为的管理人员和研究人员分享了这样的见解：与一贯被视为必须受管制的潜在推脱者相比，如果人们得到支持，获得授权，并被允许使用自己的创造力时，他们会工作得更好。他们希望自己的独特兴趣和技能得到尊重，并同时与更大的事业联系起来，这些事业值得他们为之努力和忠诚。

即使是装配线上的工人，如果他对自己生产的产品感到自豪，并意识到公司会对工人有关工作节奏、工时和家庭休假的担忧做出回应时，他会将工作做得更好。销售人员或工程师的动机可能不是出于关爱，但他对工作的忠诚和自豪却在工作中

① 引述于詹姆斯·C. 柯林斯与杰里·I. 波拉斯合著的《基业长青：企业永续经营的准则》（该书于 1994 年由纽约哈珀出版社印制）第 228 页，强调原文。

扮演着不可或缺的角色。我不希望我的孩子穿过一位不关心工作质量的工程师所设计的桥梁，同样，我也不希望我的孩子接受一个不关心学生的老师的教导。

真正的愤世嫉俗者可能会说，考虑到员工的社会需求和个人价值观的雇佣制度甚至比纯粹以工资为导向的制度更糟糕。他们可能说，雇主现在不仅在控制员工的外部活动，而且还在利用和操纵员工的情绪。我毫不怀疑，在某些情况下，这是真的。我曾目睹过，那些将自身利益凌驾于他人之上的人所推广的“卓越”“价值观”和“参与”等活动，最终毫无意义地草草收场。[①] 由于这个原因，最近兴起的企业“正念”项目在我看来，也是喜忧参半。由于与大目标相脱节，或者作为一种要求强加给员工，它们很容易被视为虚假的或侵犯性的。然而，如果与深植于企业文化中的社会目标联系起来，并作为一种选项，正念培训或其他形式的“心灵”参与将有可能对员工个人及其组织有所帮助。只因为是企业所提供的，并不意味着这些努力不真诚。

---

① R. 爱德华·弗里曼与埃伦·R. 奥斯特在《价值观是正确的还是完全不正确？》一书第四章《弥合价值差距：真实的组织如何将价值带入生活》的第 47 页中警告过这一点。该书于 2015 年由加州奥克兰的贝雷特·科勒出版公司印制。

权力和相互关系

经济生活的机械观点根本不允许涉及权力差异关系（如老板和工人之间）中存在忠诚、真诚或尊重之类的东西。因此，基于机械观点的哲学和社会科学讨论只能在涉及人际关系的极为有限的范围内展开。实际上，只有两种极端关系。

首先，个人之间的关系可视为是平等的。传统经济学家认为，市场关系是冷静的、契约性的，就各方的合法权利而言，是相对平等的。当政治理论家将纯粹民主国家的形象奉为理想楷模时，他们会做出类似的假设。一些市场批评者将工人拥有和管理的合作社和民主企业理想化，在那里每个人都有平等的决策权和资源。对平等或对称关系进行理论化时，人们通常假设，每个人在自由同意某项协议后，会自我激励地遵守合同或合作协议。

机械观点中的第二个可能性是，以支配为特征的等级关系。在层次结构中，存在明显的权力不对称。当存在支配关系时，相对于权力更大的人而言，权力和资源较少的人处于从属地位。如前所述，“公司”的简单模式将工人描述为服从和执行公司股东或首席执行官的意愿。反市场理论家认为，资本主义下的工人天生就被异化了，从而对雇佣关系产生了负面影响。在他们看来，资本主义等级制度总是压抑人的精神，并不可避免地会表现出对弱者的不尊重。

然而，在均等和等级制的情况下，正如亲商务理论家和反市场理论家所讨论的那样，这种关系的性质只能根据其外部的权力差异特征来判断。人们不妨谈论一下机器内部的作用力。

只有当我们超越机械观点时，我们才能重视关系的情感内容以及使用权力的定性方式。在此上一章对金钱和护理工作的讨论可以助力我们设想新的可能性。例如，在学前班老师与孩子的关系中，老师的权力和权威比学生大得多。老师管理当天的学习内容。同样，在护士与重症病人的关系中，护士拥有更大权力，可以给病人打针（或不打针）。这种关系是不平等的、不对称的。可见，等级制度确实存在。

然而，当这些关系保持健康时，护理者所行使的权力并非那种描述的支配或控制的权力。我们（至少在最佳情况下）不认为孩子或病人只是老师或护士操纵下的顺从工具。在这些关系中，我们认识到适当分配权力和权威在促进培育或健康的共同项目中的作用。我们知道，有充分的理由不让孩子决定何时过马路，以及不让患者无限制地使用吗啡。在这些情况下，关系不以严格的权力平等为特征，而以尊重和内心为特征。在尊重人的尊严和自主性的情况下，等级关系是可能存在的。我称这些为不对称的相互关系。

那么商业和工业中的工作组如何？我们是否可以考虑在其他类型的共同项目中，在人类的所有尊严中分配适当的权力？工作组的领导者肯定必须关注准备销售活动或设计桥梁的重要任务是否已被完成。有时，他们必须做出其手下人不希望的决定。但这并不意味着领导者没有自己的情感和关系能力——即自己的内心情感。

这并不意味着，他们可以简单地要求和期望人们将工作做好。商业研究越来越表明，优秀的管理不仅需要财务和分析等“硬技能”，还需要处理好工作中情感和社交方面的“软技能”[①]。将关系设想为活生生的人际关系，而不是纯粹地从机械隐喻角度来看待它们，有可能会产生各种工作关系，其中包括尊重和尊严。

---

① 有关这篇文献的评论，请参阅琼·马克斯发表在2013年8月《商业伦理期刊》第116卷第1期上的《了解温柔的力量：正在崛起的软领导》一文中第71—163页。

连锁超市与橱柜业务

在等级森然的企业，如何激励员工？在完全平等的企业，又如何？对组织的观察结果证实，关于这些问题的答案不能简单地通过一方面设置无情的等级制度，另一方面设置理想的民主制度来解决。

市场篮子

2014 年，当地报纸《波士顿环球报》一连好几个月都定期报道有关市场篮子杂货连锁店的新闻。作为家族企业，市场篮子年收入约 40 亿美元，在新英格兰州拥有约 70 家店铺。2014 年 6 月，公司董事会解雇了经营公司多年的亚瑟 · T. 德莫拉斯，并任命其表亲亚瑟 · S. 德莫拉斯为主席。罢免事件本身只上了当地报纸的商业版。而使这则新闻一跃成为波士顿的头条新闻，并传遍全美，则是因为人们对这次罢免事件的反应。

市场篮子的员工、客户和供应商起来反抗，要求亚瑟 · T 回归董事会。许多员工和客户表示担忧，亚瑟 · S 会放弃连锁店尊重和照顾员工和客户的浓厚文化。他们认为，亚瑟 · S 只会为了股东利益而经营公司。普通工人张贴标语和散发传单以示抗议。公司总部的经理们在办公室组织员工哗变。数以千计的工人离开工作岗位参加抗议集会。长期客户也抵制该公司，加入抗议集会，散发请愿书，并将他们从其他商店获得的收据用胶带贴在市场篮子的橱窗上。支持抗议活动的供应商则拒绝发货。

随后，公司解雇员工，缩短工作时间，并发出抗议活动注定要失败的严重警告。公司声称，抗议活动将永远给竞争对手带来客户。然而，这些行动未能阻止抗议活动。数周来，有关抗议活动的报道描述了这些典型情况：

凯瑟琳·马科西耶，年方28岁，是新罕布什尔州曼彻斯特市的一名出纳员。她参加了抗议活动。为了维持生计，她在一家比萨店和一家薯片店轮班。她说，支持“亚瑟·T，我会竭尽全力，尽我所能地支持，如果这是让他回来的条件的话。因为他是我们的领导，如果他出局了，我也离开”。

现年48岁的鲍勃·斯玛特是洛厄尔的一名仓库工人。自从他参加其他辞职仓库工人的抗议活动以来，他一直没有收入。他说他无法支付账单，最近收到通知，他家的有线电视服务将要被切断。不过，斯玛特说，在亚瑟·T官复原职之前，他宁愿流落街头也不愿回去上班。他指出，“我快无家可归了，但我不在乎。只要我们有市场篮子这个大家庭，就没有人会无家可归”[①]。

抗议活动持续了数周，许多店铺都空空如也，没有商品，也没有客户。直至2014年8月下旬，亚瑟·T被重新任命为首席执行官，这种局面才结束。从各方面来看，该连锁店的生意及客户群随后迅速反弹。

员工对一个百万富翁首席执行官的大量支持，令人震惊，同时也造成相当大的个人损失，并给所有人带来诸多不便，是什么魔力造成这种情况？据许多报道介绍，这是因为亚瑟·T将公司当作拥有共同使命的一个团体来管理。公司提供丰厚薪酬，制订一项创新的利润共享计划，并实行在食品业中不常见的其他福利待遇。公司培育一种浓厚的关爱和忠诚文化，并以此为荣。员工告诉记者，亚瑟·T关心员工，他能叫出员工的名字，并对员工的伴侣和子女情况如数家珍。同样，客户表达了感激之情，觉得公司产品的价格地道，员工招待热情，服务

---

① 引述于凯蒂·约翰斯顿发表在2014年8月18日《波士顿环球报》上的《失业，市场篮子兼职者分流》一文。

周到，有种宾至如归的感觉。在机器经济时代，文化和忠诚度对员工的激励并不重要。但在现实世界中，它们发挥了不可或缺的作用。

当然，并非所有公司都具有使市场篮子成功的那种开放的双向交流和文化。许多公司还停留在控制和支配管理模式中，迷恋于仅仅依靠外部奖励和惩罚来“激励”员工服从。在许多情况下，工人们只能通过建立权力制衡基础，特别是工会，来保护自己免受公司领导的压迫和非人道行为的伤害。（市场篮子并没有成立工会）不过，市场篮子和许多其他成功企业的例子表明，将“人力资源”当作人来对待是可行的。[①]

工人合作社

从公司结构来看，市场篮子显然是等级分明的，但其他人提倡一种基于平等主义理想的民主组织形式。许多激进的反市场批评者希望彻底摆脱“老板”。工人所有的合作社通常被视为公正、自治企业的标杆。在这种情况下，人类的动机如何？

① 更多有关职场关系重要性的证据，请参阅罗伯特·吉本斯和丽贝卡·亨德森合著的《高管做什么？探索看似相似的企业之间持续存在的绩效差异》。该文章于 2012 年 8 月发表在马萨诸塞州剑桥市哈佛商学院的哈佛商学院工作文件第 13—20 页。

几年前，我认识一位朋友，他相当中意这种企业组织模式。他具有强大的组织能力。经过一段时间的独立打拼后，他开始竞标更高的职位，并招募更多的人员。出于意识形态的考虑，威廉对市场、企业和资本主义相当反感，因此，他试图引诱这些新工人加入他的合作社。

不过，关于平等合作型组织，有一点经常被人遗忘：合作型组织要想成功运转，需要投入大量的时间和精力，做大量的工作。我没有在合作社工作过，但多年来我住在三个合作社家庭中。我所居住的合作社的规模从 5 人至 13 人不等，它们给我的印象是，社员们不仅同吃同住，还分享各自的喜怒哀乐、一起搞音乐创作，一起做家务。要过这样的生活，你必须参加会议，通过集体协商的方式来做出决策，解决冲突，并学习新的技能。合作社越大，达成一致决策越困难（单独一人可以阻止一项决策）。这种生活并不适合所有人。因为如果组织运转不良，则有人可能在组织中受到压迫或虐待。但是，如果运作顺利，我们可能丧失继续为集体添砖加瓦的动力，可能会随大溜，得过且过，并将自己的精力放在其他关切方面。

威廉在试图组建工人合作社时遇到了问题。他希望他雇用的其他组织者对共同所有和共同经营的企业感兴趣。他觉得他们应该会购买或以他们的方式获得所有权。他认为，他们应该学会如何跟踪成本和收入，并与他一道管理和担忧公司的财务状况。不幸的是，他无法找到想要加入他的企业的人。和他一起工作的人，多半希望在被当作员工时，好好在工作中使用他们的组织才能，然后回家。由于他们的兴趣、能力和优先事项与威廉不同，他们根本不觉得合作社理念具有吸引力。经过几年的挫折后，威廉意识到，实际上，他就是这家小企业的“老板”。由于这种身份冒犯了他的意识形态信念，因此，不幸的是，他最终放弃了组建合作社的念头。

我们希望受到尊重。适当尊重和关怀的关系往往能激发我们的动力，使我们做得更好。不过，由于人类的技能和时间有限，我们有时也需要领导，指导和决策上的突破。工人所有的合作社无疑是组织经济活动的一种方式，但我认为，这不是一种包治百病的灵丹妙药。在思想上，威廉受到机械观点所提供的有限选项的束缚。然而，打破机器观点可以使我们认识到，就互惠互利关系的存在和发展而言，严格的平等主义并非那么重要。

从个人到组织

上一章指出，一个人可以深切关心孩子或其他弱势群体，但在避免经济上受到剥削方面，可以有健康的自我利益。本章探讨了在商业或工业中“为金钱而工作”的人如何将其价值观以及人类的社会和情感层面带入工作。这些章节讨论了在个人动机和小规模人际关系的背景下，爱与金钱是如何保持一致的。

但是，当我们转向“结构”或“系统”的观点时，您可能会反对，因为这涉及更大的经济力量。许多人声称，即使是最真诚、最具内在动机的个人，或最富有合作精神的工作小组，最终都必须屈服于“系统性”力量，例如利润最大化的“指令”。他们可能指出，市场篮子是私营企业，不是受股市“指令”约束的上市公司。因此，在下一章中，我将探讨组织层面的行为问题。当讨论聚焦大型上市公司和市场时，我们还需把经济生活看作是一台机器，而不是需要照料的跳动的心脏或花园吗？这是第六章的主题。试图将经济生活的道德方面委托给政府、非营利组织以及公益公司管理，是否存在一定的弊端？这将在第七章讨论。

6

CHAPTER

商业与伦理
公司组织

组织的复杂性

1982 年，制药公司强生因对其畅销止痛药的一些胶囊被氰化物污染所做出的反应而赢得了广泛的赞誉。抢在政府行动之前，强生公司不惜代价，立即召回货架上的每一瓶泰勒诺。2016 年，数百万过敏患者依赖的肾上腺素注射器生产商迈兰制药公司，成为大众谴责的对象。七年来，这种救命注射器的价格上涨了 500%。

2012 年和 2013 年，孟加拉国分别发生塔兹雷恩制衣厂火灾和拉纳广场工厂倒塌事件之后，一些公司迅速开始行动起来。总部位于欧洲的普里马克和西雅衣家向死伤者家属提供了数百万美元的援助。普里马克公司发言人说得很直白，“你需对服装产地所发生的事件负责”[①]。另一方面，由这两家工厂供货的沃尔玛、西尔斯百货以及其他美国公司，则磨磨蹭蹭

① 引述于史蒂文·格林豪斯发表在 2013 年 11 月 22 日《纽约时报》上的《美国零售商拒绝援助孟加拉国的工厂受害者》一文。

地找借口。它们很晚才提供经济援助，而且不情愿，如果有的话。

2004 年，盖璞公司因就其全球服装厂的劳动条件发布了一份异常诚实的报告，其中包括有关公司违反自身准则的报告，而荣获社会责任奖。大约在同一时间，另一家服装制造商信达思以诽谤罪起诉股东，回应股东提出调查其工厂状况的请求。

为什么企业要这么做？我们环顾四周的实际商业活动，发现各种各样的行为，其中一些似乎比另一些更有道德。然而，经济学中通用机械理论告诉我们，这种变化完全是幻觉。亲商务狂热者和市场批评者经常否认企业，尤其是大型和/或上市交易的公司，受到道德或关爱的激励。他们认为，一个营利组织，出于我在下面要审查的各种原因，必须将创造最大利润作为其唯一的动机。换句话说，不管会给其他各方带来多大成本，它做出的每项决定都必须致力于实现股东价值最大化。这种信念已经渗透到商业教育和媒体中，以至于许多人甚至想不到，“公司业绩”可以用财务报告或股价以外的任何方法来评估。根据这种观点，企业是朝着单一、狭窄定义的目标，“在铁轨上运行”的引擎。

然而，人类组织的多样性太多，无法将其决策简化为简单的公式，或者将其绩效简化为简单的度量。组织领导者和员工打算服务的目标，以及组织在实现这些目标时的成败程度，都相差很大。

为了解释商业行为，我们需要同时考虑这些组织所面临的外部压力及其内部结构。我将探讨这样一种说法，即企业在现实的、复杂的、人为的组织中如何将动机转化为行动之前，别无选择只能实现利润最大化。

利润是什么?

利润已成为一个内涵丰富的词语，它受到机械经济隐喻的破坏，以至于在经济学和伦理学的讨论中几乎失去了所有用处。在一个极端情况下，资本主义支持者认为，利润相当奇妙，因为它们可以激发“财富创造”或“价值创造”。人们认为利润动机是经济不断发展和增长背后几乎不可思议的驱动力。在另一个极端，资本主义的批评者认为获利是贪婪和剥削的代名词。他们将获利视为一种盗窃工人的行为，只会导致不公平财富的积累和环境的破坏。他们认为，以利润为导向的企业从一开始就受到道德的影响。双方展开对话的任何尝试都是白费的，因为他们对利润“驱动”的经济“自动”生产出什么存在着严重分歧。

然而，我们可以用更中性的价值来阐述利润的本质，这可以帮助我们了解如何进行对话。如果一项活动创造的价值大于流程中所投入的价值，则该活动是有利可图的。在这个意义上，“盈利能力”通常是积极的。如果会议的结果值得花时间参加，那么会议是有利可图的。作为一个近视眼，我感谢那些使用未加工的塑料和金属制造出眼镜的人们，因为在我看来，眼镜的价值要远远高于原始材料的价值。我之所以撰写本书，是因为我希望我创造的价值要远高于在创作过程中所花费笔墨和时间的价值。相比之下，无利可图的活动就是浪费，破坏了价值（或至少没有创造任何附加价值）。

如果您意识到核心问题不是利润本身，而是评估价值的方式，则亲商务和反市场两个极端之间的巨大鸿沟可能会有所缩小。

市场拥趸的观点是基于一个相当站不住脚的假设，即市场价格反映了真正的社会价值。为了使他们的故事行得通，必须保证可以出售的任何商品或服务都能增加社会的实际财富和福祉。然而，提出反例相当容易。一些人会将诸如香烟、大肆宣传的垃圾食品、污染的越野车、暴力电视节目或自动武器等列为对社会有害但利润又高的产品。另外一些人则可能会把不道德的娱乐活动、迈克尔·摩尔的电影或本书列为市场价格高于社会效益的产品。可见，并非所有可以盈利出售的东西都是真正的好东西。

关于市场拥趸观点的另一个问题是，它忽略了一个事实，即市场价格仅反映有钱人的偏好。在某种程度上，生活供应完全由市场决定，富人得到他们的鱼子酱，而贫穷孩子因缺乏免疫和清洁水而死亡。市场价格反映私人价值，而非社会价值。最后，市场拥趸轻率地认为，让利润筹码随其所能地下跌——让比尔·盖茨和科赫兄弟积累市场给予他们的个人财富，都不存在什么社会或政治的负面影响。

市场批评者富有洞察力地注意到，市场价值可能与人类价值不同，如果财富分配严重不均，财富创造可能会产生负面的社会和政治影响。他们认为，开展某些类型的活动肯定不是为了公众的利益，这点是对的。但如果说所有的盈利都是坏的，无异是杀鸡取卵。我认为具有道德意识的人们应该争辩的是，只要商业活动在社会上和经济上有利可图，都应该予以鼓励，财富创造活动的利益应该以一种公正的方式分配，并不能在社会上造成有害的权力集中。这是相当合理的观点。这引发有关经济主体的全面责任问题，而不能将此简单地归咎于"大的，坏的企业”。

如果我们将财务收益动机视为对经济和社会生活的众多影响之一，我们可以找到诸多理由来讨论如何使盈利工作为社会公益服务。不过，遗憾的是，市场倡导者和商业批评者都认为，企业必须从本质上致力于一个单一目标：利润最大化。

“非自然”或“非人类”公司的概念

不管对其他目标造成什么损害，商业公司全心全意致力于“利润最大化”的想法，通常可视为一种事实。我可以理解为什么我的主流经济学家同事往往忽视商业企业的人性和社会本质。组织涉及实际的、复杂的人员以及管理人员，信息和运营的实际社会和后勤问题。对于一个以优雅数学分析为骄傲的学科来说，这会使它变得过于具体和混乱。将分析的主题视为理想的、统一的、自治的“公司”要容易得多，其唯一的作用就是找到使数学利润函数发挥最大作用的输出水平。对于新古典主义经济学家而言，说出公司“是什么”和“做什么”，可以简化为对财务收入和成本的基本计算的复杂操纵，以及两者之间的差异。[①]

许多自由市场狂热者大力推崇这一观点，1970年米尔顿·弗里德曼在《纽约时报》上发表的一篇著名评论更是使这一观点大受欢迎。弗里德曼是经济学芝加哥学派的领导，该学派倡导个人主义、自由市场以及政府在其中所发挥的最小作用。在《企业的社会责任是增加利润》一书中，他写道，“公司是一个人造的人”，责任的概念不能适用于此。相反，“经理是企业主的代理人，他的首要责任就是对企业主负责”[②]。将股东描述为公司的所有者，并假设股东的利益纯粹是财务利益，那么通过他的头衔可以得出结论。这种将股东明确表达为“当事人”，高管描述为“代理人”，高管的义务是代表股东致力于利润最大化的说法，后来变得非常有影响。

不过，市场批评者也坚持“利润最大化”信条。市场批评者的故事通常是这样的。企业根本不被允许考虑其雇员、社区

---

① 近几十年来，一些相对主流的经济学家开始尝试考虑公司的组织性质。然而，新制度主义经济学和交易成本经济学仍然有着许多新古典主义的假设。利润最大化仍被视为公司的唯一目标（尽管人们承认，实现这一点目前存在一定困难），并且这些模型仍只适用于非常有限的想象中的人际关系。与此同时，完全一元化公司的新古典主义假设继续主导着教学，并成为大部分经济研究的默认假设。

② 引述于米尔顿·弗里德曼发表于1970年9月13日《纽约时报》上《企业的社会责任是增加利润》一文的SM部分第17页。

或环境的利益，因为根据法律，它们必须使利润最大化。如果高管偏离了利润最大化原则，生气的股东会立即起诉他或解雇他。此外，即使一家公司及其投资者出于某种原因愿意承担更大的社会或环境责任方面的额外费用，这也是无效的。因为在竞争的市场中，只有最无情的成本削减和以利润为导向的企业才能存活，所以一家试图在道德上负责任的公司将倒闭。这样，以资本主义为特征的法律指令和竞争市场压力会迫使企业贪婪地使利润最大化，不惜以牺牲人类和其他生命为代价。由此可见，商业利益在本质上与人类利益直接对立。

正如我在前一章所提及的那样，大卫·科滕将公司描述为"外国人"或"机器"。他写道："在精心设计的公共关系形象和公司可能聘请的许多优秀道德工作者的背后，公司的主体是公司章程，一部法律文件，金钱则是公司的血脉。它的核心是一个外来实体，其目标是：通过复制货币来滋养自己。"[①]他再三强调公司并不是一群人组成的组织，而是一种与众不同的东西，一种由与人类抱负格格不入的力量驱动的东西。

关于"外国"公司比喻的一个有趣观点是，它不能用证据来质疑。如果你试着举出一个你认为具有社会责任感的企

① 引述于科滕编著的《公司统治世界》一书的第 74 页。

业行为的例子会怎么样？一些批评者回答，“这不过是一场公关噱头而已。”或者，“这只是暂时的，市场竞争不可阻挡的力量将迫使企业重回正轨。”包括社会科学在内的良好科学实践的标志是，其理论可以通过证据进行检验。本质上不受证据影响的立场并非社会科学理论，而是一种假设、信念或教条。

该论点的核心是这样一种信念，即利润最大化是法律强加给公司的，是公司固有本质的一部分，或者受市场压力的影响。让我们检查一下事实。

企业受法律指令的驱使吗？

企业在法律上有着悠久而复杂的历史。现在，当一群人在适当时候向主管政府机构提交一份名为企业宪章（或公司条例）的文件时，一家企业就形成了。在美国，主管政府机构通常是州政府。公司章程详细列出了公司的名称、目的、由谁担任董事、发行何种股票以及其他规定。股东（或股票持有人）是向企业投入金融资本并获得其股份的投资者。尽管股票所有权赋予股东一定权利，但股东在法律上并不拥有公司本身（例如，他们不能随便拿公司的产品或资产）。[①] 如果公司表现良好并获利，股东将以股利或增值股票的形式获得其金融投资的回报。作为一个独立的法人实体，公司可以与工人、供应商、领导者等人签订合同。任命的或选举的董事会应该指导（通常是聘用的）公司高级管理人员。

如果法律赋予公司“最大程度地提高利润”或“为其股东获得尽可能高的回报”的权利，您是不是希望法律在某个醒目的地方提到这一点呢？然而，如果你真的去查看相关的州法典，你会发现这一点相当模糊。公司法典通常仅声明商业公司的目的是从事商业或贸易。许多美国公司选择在特拉华州注册成立，是因为其公司法典具有优势。在特拉华州公司法典的组成和目的部分中，根本没有提及利润或收益。个人公司注册成立条款通常是含糊其辞，仅简单地说明公司的目的是“从事州法典允许的任何合法行为或活动”。

然后，你可能求助于判例法，看看法庭如何阐释这些法

---

① 本书第一版错误地重复了股东在法律上“拥有”公司的流行说法。欲了解更正内容，请参阅林恩·斯托特编著的《股东价值神话：股东至上如何伤害投资者、公司和公众》（该书于2012年由旧金山贝雷特·科勒公司印制）；以及玛格丽特·M. 布莱尔发表在1995年冬季第13卷第1期《布鲁金斯评论》上《公司的“所有权”：一个误导性的词使公司治理辩论陷入混乱》一文第16—19页。

律。即使法典没有明确规定“利润最大化”，也许法庭也会强制执行？

判例法规定，公司董事和经理对公司负有“受托责任”（忠诚或关爱义务）。这通常被解释为要求他们最大化股东的回报。然而，如果你查看董事职责的实际描述，你会发现一条要求，董事必须“以符合公司最大利益的某种方式”行事。[①]这同样是相当模糊的，它未能规定“公司”只是股东，也没有规定为“公司的利益”服务意味着利润最大化。“受托”理念的目的主要在于防止官员和经理从事纯粹自我服务的行为，换言之，防止他们将公司视为自己的摇钱树，从而损害其他各方的利益。

利润最大化观点的支持者经常喜欢引用1919年密歇根州法院判决的道奇诉福特案例。福特汽车公司的大股东亨利·福特决定，与其向股东发放特别股息，不如动用可用资金来扩大产能和就业。这将使汽车更便宜，以便低收入家庭可以购买汽车。小股东道奇起诉，密歇根法庭支持道奇，指出如果福特希望致力于利他主义目标，“他应该使用自己的金钱，而不能动

① 引述于D.戈登·斯密发表于1998年冬季第23卷第2期《公司法杂志》上《股东至上准则》一文第285页。

用公司的资金”[1]。法庭认为[2]，商业公司的组织和运营主要是为了股东的利益。利润最大化观点的支持者利用这起案例的结果作为证据，喜欢展现出这样一种形象，如果公司经理和董事违反这一准则，他们会受到股东的到处起诉。比方说，如果公司官员将部分收入用于改善工作条件或环境保护，那就太糟了！他们将罪有应得，或者，他们要么被解雇，要么被扔出董事会。看来，担任公司官员的唯一安全和合法的方法是对社会不负责任。[3]

尽管道奇诉福特案例经常被引用来证明“公司资本主义”的法律基础，但从长期的法律争议和业务发展历史来看，它只是一个快照，而且是过时的。[4]法律学者指出，与福特案例的

---

① 引述于威廉·A. 迪玛发表于 1997 年第 62 卷第 1 期《艾维商业季刊》上《股东至上》一文第 33 页。

② 引述于斯密编著的《股东至上准则》第 278 页。

③ 例如，请参阅凯莉编著的《资本的神圣权利》第 148 页。

④ 20 世纪 30 年代，关于公司对除股东以外的各方责任的讨论相当热烈，请参阅林恩·A. 斯托特发表于 2002 年第 75 卷第 5 期《南加州法律评论》上《股东至高无上的论点》一文第 1189—1209 页。20 世纪 80 年代，随着有影响力的企业管理学者 R. 爱德华·弗里曼在《战略管理：利益相关者方法》（该书于 1984 年由波士顿的皮特曼出版商印制）一书中对这一问题进行阐述后，有关这个问题的讨论再次兴起。这些争论的焦点是，公司的目的是为股东提供利润还是公司的行为也应考虑到与公司有利害关系的其他人的利益，这些人被称为公司的利益相关者。员工是一个明显的利益相关者群体，（转下页）

通常解释存在明显矛盾的是，在当代美国，“各州都含蓄地承认可以考虑更广泛的利益集团”，并且“任何州公司法典并未规定公司董事仅对股东负有信托义务”①。即使在特拉华州，重要的判决法也承认公司董事具有考虑其他利益的权利。② 只有在出售公司，股东对出售价格犹豫不决时，股东利益才是法律上考虑的首要因素。

此外，在32个州中，存在着“选区法规”，它们通过扩大董事会负责的群体来明确改变公司董事的职责。例如，在明尼

（接上页）但供应商、客户、债权人和当地社区通常也对公司有相当大的利害关系，他们根据公司的持续经营做出长期计划和公司的具体投资。这个概念可以进一步扩展：整个社会也可视为利益相关者，因为公司的行为会产生更广泛的社会或经济后果。企业与自然界也存在互惠关系：它们并非独立于自然灾害，生态退化或生态改善的影响，其行为反过来又会影响生态平衡。在我撰写本书时，争论又一次死灰复燃，有时用（股东的）“财产模式”与（社会的）公司“实体模式”来表述（请见斯托特编著的《股东至高无上的论点》第1190页）。另外，请参阅林恩·斯托特编著的《股东价值神话》；鲍尔和林恩·S. 潘恩发表于2017年5—6月第95卷第3期《哈佛商业评论》上《公司领导力核心中的错误》第50—60页；以及威廉·W. 布拉顿发表于2011年第35期《华盛顿大学法律和政策期刊》上《在爱与金钱的结合处．评论朱莉·A. 尼尔森，寻求利润是否排除爱情？来自经济学和法律的证据（或不）》一文第15—109页。

① 引述于爱德华·S. 亚当斯与约翰·H. 马西森发表在2000年第49期《埃默里法律杂志》上《公司选区关注的法定模式》一文第1088页。

② 引述于吉尔·菲施在2004年加州大学伯克利分校法律和经济学研讨会上发表的《评估公司法的效率：股东至上的作用》一文第5页。

苏达州，董事可为其利益行事的团体在法令中被列为“公司的员工、客户、供应商和债权人、州和国家的经济、社区和社会考虑因素，以及公司和其股东的长期和短期的利益”[①]。

为了榨取最后一滴利润给股东，在法律上是否要求公司搁置道德上的顾虑？根据美国法律协会的说法，“公司决策往往不是基于道德考虑而做出的，即使这样做，也不可能提高公司利润或股东收益。这种行为不仅合适，而且可取。”[②] 对当代法律的广泛解读并不是简单地说公司必须最大化股东价值。著名的法律学者林恩·斯托特与哈佛商学院教授约瑟夫·鲍尔和林恩·潘恩认为，狭隘地聚焦最大化股东价值，实际上会影响公司绩效，从而损害公司和投资者本身。[③]

接下来的问题是，法律到底对公司行为有多大影响。人们不可能立即遵守法律，尤其是对该法律的解释存在争议（就像这件事一样），或人们只是马虎地执行该法律的情况下。法律

① 引述于亚当斯与马西森编著的《公司选区关注的法定模式》第1085页和第1087页。

② 引述于美国法律研究所于1994年发表的《公司治理原则：分析与建议》；节选自哈佛商学院出版社1995年7月第9-395-244号刊物上的《管理职责和商法》一文。

③ 引述于斯托特编著的《股东价值神话》；以及鲍尔与潘恩合著的《公司领导力核心中的错误》。

学者戈登·斯密博士说，他对同事信奉公司专注于服务股东理念的方式感到“惊奇”。他指出，有关股东起诉董事违反职责的判例法表明，股东面临一场艰苦斗争。即使董事的决定实际上会导致糟糕的后果，董事只需表明他们的行为是出于“任何合理的商业目标”，便可以避免被人发现他们的行为松懈。这种“商业判断规则”是基于这样的想法，即法官绝对不可能像业内人士那样了解商业（及其不确定性），并推定管理者的行为是诚信善意的。[①]

或许更重要的是，公司董事本身对职责的理解各不相同。一项调查表明，只有少数董事觉得对股东负有义务；大多数董事认为有义务参与多个选区。[②] 商业学者科林斯和波拉斯在对成功企业的研究报告中说，“最大化股东财富”或“利润最大化”并非他们研究的“愿景”公司的主导动力或主要目标。[③] 例如，以合理或公平的利润，提供高质量商品或服务，是一种普遍表达的动机。然而，这些公司至少存在了 50 年，都是各自领域的领导者。它们的管理者没有因为疏忽其合法的一心一

① 引述于斯密编著的《股东至上准则》第 286 页。

② 如斯密编著的《股东至上准则》第 291 页所述，杰伊·W. 洛希和伊丽莎白·麦克维于 1989 年合著《棋子或权贵：美国公司董事会现状》一书。

③ 引述于科林斯与波拉斯合著的《基业长春》第 8 页。

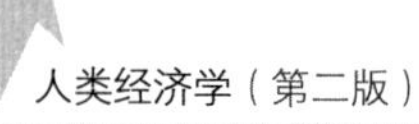

意为股东尽可能赚取每一美元的“职责”而被成功起诉或解雇。

最后，关于时机以及“股东利益”是什么，存在一些重要的问题。从利润最大化的观点来看，股东只对财务收益感兴趣，而且可能对相当直接的财务收益感兴趣。例如，如果你考虑到我们对不断耗尽的化石燃料储备的过分依赖以及与之相关的全球气候变化问题，那么大多数股东怎么会没有减少我们经济对油气依赖的长期“利益”呢？或许，至少每个人都会关心他们家庭的下一代。如今，许多养老基金和保险公司持有公司股票，最终的股东包括了你和我。

确实，诚心诚意地赚取利润是企业管理者的重要职责之一。不过，法律并没有规定，赚取最高利润不用考虑任何其他目标。如果这不是法律规定的要求，那么这个想法从何而来？

利润最大化是公司的自然宗旨？

“公司最大化利润”并不是法律上的一种想法。它的产生也不是因为经济学家花费数年认真研究实际商业公司的结果。相反，它是经济学家喜欢和宣传的理念，因为它简化了事物，使我们可以像物理学家那样应用微积分工具。它具有运行良好、完全竞争的虚构理想经济概念的部分特征。这种理念深受欢迎，以至于人们认为有关机械、发条经济的比喻是理所当然的。

我并非唯一发现这些经济学根源的人。林恩·斯托特也将这种错误观念的流行归结为经济学家，特别是芝加哥经济学派的兴起。斯托特称，这种观念在20世纪后期的法律学者中日益流行，因为这些博士经济学家阐述的利润最大化信念为企业研究"增添了一道科学严谨的迷人光泽"。与此同时，它向商业媒体提供了关于企业是什么和做什么的"易于解释的简洁描述"。同样地，约瑟夫·鲍尔和林恩·潘恩指出，"为了公司利益而管理等同于为了股票利益而管理，这种观念最好被理解为一种理论上的巧妙比喻，而这种比喻则是许多经济学家青睐的数学模型所必需的"[①]。

然而，如果理论足够强大，现实生活往往会遵循理论的指导轨迹。1976年，经济学家迈克尔·詹森和威廉·麦克林

---

① 引述于斯托特编著的《股东价值神话》第19页；以及鲍尔与潘恩合著的《公司领导力核心中的错误》。另外，请参阅伊夫·斯密发表于2014年5月5日的《裸体资本主义》（博客）上的《米尔顿·弗里德曼如何煽动"公司存在是为了股东价值最大化"的神话？》一文。

在一篇极具影响力的文章《公司理论》[①]中详细叙述了弗里德曼关于委托人和代理人的概念。尽管存在许多相反的法律和社会事实，这篇文章的一个作用是有利于将利润最大化确立为公司的“坚定”信念。另一个重要作用是决定首席执行官的薪酬。文章的作者认为，通过将高管的薪酬与股东唯一感兴趣的公司财务业绩挂钩，以此激励高管履行公司股东的意愿。以前，大多数人以为，高管应该感到有责任做好自己的工作，以换取丰厚的薪水。可见，我们是多么傻啊！他们认为，詹森和麦克林的首席执行官必须始终受到与公司财务业绩挂钩的奖金的激励。鉴于这种学术上的认可，授予高管股票和期权以作为其部分薪酬的做法开始增加。于是，首席执行官的薪酬与普通工人薪酬之间的差距成为鸿沟。1965 年，首席执行官的平均收入是工人的 20 倍；2015 年，这种差距达到 276 倍。[②]

1% 的人口正在与 99% 的人口分离？尽管具有利己齿轮和

① 引述于迈克尔·C. 詹森与威廉·H. 麦克林发表在 1976 年第 3 卷第 4 期《金融经济学杂志》上《公司理论：管理行为、代理成本和所有权结构》一文第 60—305 页。

② 引述于劳伦斯·米歇尔与杰西卡·席德发表在 2016 年 8 月 3 日《经济政策研究所经济快照》上《首席执行官的收入是普通工人的 276 倍》一文。

轮子的经济机器的比喻也许不是不平等扩大的唯一原因，但是，毋庸置疑，它至少为其提供了知识上的掩盖。

芝加哥学派的神话还日益影响着企业判例法。道奇诉福特案是数十年来被引用为利润最大化理论的经典案例，但最近的两个法律案例却增加了新的变数。不久之前，沃尔特·迪士尼公司的股东们起诉公司首席执行官和董事会。前迪士尼公司总裁迈克尔·奥维兹获得一笔离职金，其金额连法庭都承认是“惊人的”[①]。股东们觉得这笔钱中的大部分应该用于分配给公司的股息或投资，而不是流入奥维兹的口袋里。股东们称，公司官员和董事会自私自利，从而违反了他们的信托义务。2005年宣布的裁决措辞清楚地表明，首席法官威廉·钱德勒认为，从形而上的问题来看，增加股东价值确实是公司的正确宗旨。2010年裁决的第二个案例，包括了有关股东至上的类似言辞。克雷格列表的股东易趣网将克雷格列表告上法庭，以解决公司优先事项。克雷格列表希望保持一种企业文化，该文化建立在为客户提供服务而非股东价值最大化的基础上。法庭判定易趣网胜诉，并在判决书中写道“特拉华州营利性公司的董事不能

① 引述于2005年美国公司法案件第907 A.2d 693号《关于沃尔特·迪士尼公司的衍生诉讼》第6页。

采取行动公开回避股东财富最大化”[①]。许多人认为，这些股东的衍生诉讼正是迫使管理者特别专注于股东利益的原因。

那么，股东财富最大化是法律的有效体现吗？钱德勒法官在迪士尼案中的裁决是否证明了利润最大化在法律上是可以强制执行的？也就是说，牺牲股东利益的前提下，将企业资金用于支付高昂的高管薪酬或其他用途的行为，会受到法庭的处罚吗？完全没有！实际上，法官钱德勒做出不利于迪士尼股东原告的裁决，他的解释令人感到震惊，“对诚信经营引起失败的补救措施必须来自市场，通过股东的行为和资本的自由流动，而不是来自法院”[②]。换言之，法官钱德勒认为，如果股东不喜欢管理者的所作所为，他们可以自由出售股票并在其他地方投资。显然，法官钱德勒深受芝加哥学派库尔·艾德的影响。他相信芝加哥式的“自我调节”市场是良好管理行为所必需的唯一执法者，因此他认为政府行为，即使以其法庭形式出现，都是不必要的。那么易趣网案例如何？只要清楚这个案件中的“法庭”是谁就明白了：同样是法官威廉·钱德勒。

人们普遍认为公司会一心一意地实现利润最大化，但这种

---

① 引述于2010年美国案件第No.3705-CC号《易趣国内控股有限公司诉纽马克等人》第60页。

② 引述于2005年的《关于沃尔特·迪士尼公司的衍生诉讼》第7页。

观点并非来自法律本身，也不是对商业行为的实际观察的结果。简单来说，它只是经济学教义的一个分支而已。

企业受市场压力驱动？

对公司作为人类组织的观点的第二个反对意见涉及“市场”运作对单个公司造成的压力。该论点认为，即使某些个体公司可能有除实现利润最大化以外的目标，竞争市场的压力迟早将使那些并非残酷的利润最大化者的公司倒闭。

对于亲商务狂热者而言，这是好事。他们相信，竞争的“市场规则”会迫使企业高效运营，从而增加财富。

反市场批评者也同意，市场压力推动了企业，尽管他们对结果不那么乐观。例如，努力坚持劳工或环境标准的公司将招致更高的成本，因此需要以高于其低成本竞争对手的价格出售其产品。在我们看来，只对物美价廉感兴趣的消费者，只会购买价格最低的产品。因此，负责任的公司将倒闭，只有恶毒的，不负责任的利润最大化者会留下来。或者，我们可以不讲企业之间的竞争，我们可以讲类似于有关企业获得金融资本的市场竞争的故事。也就是说，通过恶意收购，有效的金融市场将导致任何产生低于其最大潜在利润的公司领导人被解雇或替换。全球竞争市场体系运行紧密，没有丝毫懈怠。

这更像经济教条。竞争促使所有企业在新古典主义经济学的理想化世界中最大化利润。也就是说，在这个世界中，每一个市场都有这么多买主和卖主，以至于买卖双方必须将市场价格作为定价，在这个世界中，公司只对利润感兴趣，消费者只对自己的消费效用感兴趣，这是在许多其他假设成立的情况下，得出了这个结果的。这就是我的许多专业同事都为之着迷的发条经济。然而，所有的证据表明，真实世界的经济学更为复杂。

产品市场竞争

的确，全球经济的某些部分竞争激烈。例如，就为大型品牌公司或主要零售商代工的许多小型服装分包商而言，他们彼此之间的竞争极其惨烈。如果他们说，他们无法提供最低成本的衬衫或蓝色牛仔裤，那么大公司买家就另寻他处。由于这个缘故，服装制造业从美国转移到洪都拉斯等国家，然后转移到中国，最近又转到劳动力成本更低的越南和印度等国家。对于数千家竞争组装电子产品和其他各种产品的公司而言，情况也大致差不多。如果公司只是生产某特定商品的众多厂家之一，公司只能将该产品的报价作为定价。经济学家指出，在高度竞争的市场中，企业没有“市场势力”。

不过，经济体系的其他部分的竞争并不那么激烈。如果企业生产的商品和提供的服务与其他企业的有所不同，则企业具有一定程度的市场势力。例如，如果人们认为都乐菠萝罐头比普通品牌产品好，那么都乐公司可以将其价格提高几美分。如果公司在所销售的市场中占有相当大的商品份额，那么其市场势力也会增强，因为商品买家所面临的选择有限。以亚马逊为例，该公司以依赖数千家供应商削减其成本而闻名于世。但是亚马逊本身并不是一家“完全竞争”的“受价”企业。在撰写本文时，它已经在美国在线零售市场上占据了 43% 的份额。迈兰制药可以抬高 EpiPen 的价格，因为它垄断了医疗设备的技术。考虑一下美洲银行、埃克森美孚、国际商用机器公司、葛兰素史克、谷歌、威瑞森、联邦快递等，这些都不是新古典主义理论中默默无闻的、毫无势力的公司。这些公司不会被动地接受“市场指令”。他们积极地就生产什么，在哪里生产，如何生产，如何使买家青睐其产品品牌以及如何设定价格等制定策略。他们利用游说和有时掠夺性的商业行为，试图操纵他们所参与的市场。

许多声称市场压力“迫使”公司这样或那样行事的人，似乎忽略了关于竞争和利润的新古典主义理论的一个微妙之处。对于未受过新古典主义经济理论培训的人而言，“利润最大化”的想法与“赚大钱”的想法联系在一起，这是可以理解的。实际上，在经济集中的大企业部门，严格来说，有许多公司的收入远远超过了必要成本。这些公司可能在季度报告中大赚一笔或积累足够多的超额收益，从而可以开始进行大规模的扩张或收购，或向高管支付高得荒谬的薪酬，或为了他们所在的行业而讨好政界，捐助大笔政治献金。对于那些认为市场压力迫使企业追求“利润最大化”的非经济学人士，这些例子似乎支持了他们的观点。

然而，新古典主义经济理论却指向相反的方向。新古典主义理论说，当市场压力很大时，经济利润将被推到一个特定水平——零！新古典主义理论说，在强大的竞争压力下，企业在支付工人工资和供应商货款之后，还有足够多的剩余，可以向企业债权人和股东支付正常的现行率回报。“赚取真正的巨额利润”并不是公司迫于市场压力而被迫实现利润最大化的证据。相反，有证据表明该公司成功地保护了自己免受竞争性市场压力的侵害！

正是那些处于公司资本主义边缘的弱小企业，在市场压力的驱使下最容易去追逐利润最大化。另一方面，大型跨国公司的运作很大程度上是从市场势力的角度进行的。严格来说，它们能够获得超过必要成本的收入，并且可以长期这样做。它们面临的经济状况对于它们的决策影响不大：在经营过程中，它们的自由裁量权比较“宽松”且留有余地。

问题是，这些公司如何处理收入与严格意义上必要成本之间的差额。从技术上讲，超额收益可以按“利润”形式申报，或者以分红的形式分配给股东，或者以留存收益的形式转回公司（用于生产性活动，可以增加未来的收入，从而导致股价上涨并为股东带来资本收益）。如果法律和市场压力确实要求公司采取行动来增加股东的财务回报，那么公司必须这么做。

不过，实际上，经营松散的公司可以做的另一件事是在成本方面。它可以提高公司高层的薪酬，增加对高管的福利，增添对官员青睐的事业的政治献金，建设豪华的总部大楼，扩大经营范围（不管是否盈利），收购其他公司，回购股份，起诉任何批评它的人或从事其他可以扩大高管和董事的财富和权力的事情。听起来熟悉吗？这些行为背后的推动力既不是法律依据也不是经济依据：没有外部力量在强迫决策朝这个方向发展。如果有人非要指出这些行为背后的“力量源泉”，一望而知，这是人类的骄傲和贪婪在作祟而已。市场批评者称，这些行为与其说是“企业”自动产生的结果，不如将它们看作是人类私心在作怪的结果——将单词“公司的（corporate）”前后的一些字母删掉是“仓鼠（rat）”，意指损公肥私。

或者，经营松散的公司会将更多金钱花在污染控制，公司底层员工收入和福利，确保分包商遵守劳工和环境标准，探索化石燃料替代品，公司日托中心，对社会有用的研发，或使其参与的社区受益的项目。它可以作为负责任的企业公民，在提高声誉的基础上建立长期的政治信誉。没有法律或经济“机制”禁止这样做。领导者可以选择表明，他们了解经济生活的核心，并助力企业取得长期成功。严格来说，公司董事和高管并没有受到激烈的竞争压力（大多数人并非如此），可以有所选择。

金融市场竞争

或许，有人建议，一家不完全专注于利润的公司将发现自己不能找到其股票的买主或愿意与其做生意的贷方，因为与其他寻求同样资金的公司相比，该公司的财务状况较弱。维权股东（通常通过对冲基金或私人股本公司运作）也许会购买它的股票，因为这些股东认为，可以从公司资产中榨取更多利润，并可接管公司。或者，它可能会被一家更大的公司收购，这家大公司可以向现有股东提供诱人的股价。

这些事情确实发生了，并且在涉及大型企业时，往往会成为新闻。不过，尽管这些事情很重要，但它们并非通常所说的那样，会“自动”成为市场体系的一部分。正如前面所指出，许多具有卓识远见的公司在很长一段时间内都可以生存，并可获得所需的融资。许多公司还拥有各种各样财务策略（包括所谓的反兼并手段），可以用来试图抵御恶意收购。而且，越来越多的市场捍卫者呼吁限制这类活动，以维护市场体系。

商业世界内部关于收购、控制股权收购和公司所有权相关变动的争论此起彼伏，非常激烈。深受芝加哥学派影响的利润导向型收购的支持者称，通过清除行动迟缓的管理人员和释放过去未被认可的获利机会，他们可以提高经济效率。然而，对冲基金和私募股权公司通常将企业本身视为金融化商品，即以低价购买的商品，然后在股价上涨后，可能在几个月或几年的时间内迅速出售，然后再继续前进。他们对接管的公司的长期健康状况毫无兴趣，因此常常出售资产，削减研发投资，解雇关键人员，并打压士气。在提高短期股票价格的同时，它们破坏了长期价值。[①]

① 引述于艾琳·阿珀尔鲍姆和罗斯玛丽·巴特合著的《工作中的私募股权：华尔街管理主要街道时》。该书于2014年由纽约的拉塞尔·塞奇基金会印制。

投资者之间的短期主义不仅让少数人富裕，让多数人蒙受损失，还破坏了企业本身的社会合法性。正如有关的主要杰出的公司高管和投资者小组所说，“我们认为，短期目标侵蚀了人们对公司继续成为美国自由企业制度基础的信心”。根据该小组的说法，克服短期主义要求“恢复董事会，管理人员，尤其是股东的长期关注重点”。这可以“自愿”或“通过适当的法规”发生，以鼓励长期投资，限制对冲基金并提高透明度。①

商业始终在一个法律法规和社会环境中运作，而这个环境反过来也受到真正人类思想、行为和时尚的塑造。短期主义的兴起并不是自然而然地作为一些潜在的，不可阻挡的“系统动力”的产物，而是由于利润最大化意识形态的发展和故意对其有利的监管变化的结果。②从本质上看，公司和资本主义并非把一切都当作商品来利用，以获得短期利益。实际上，这种机械观点损害了真实的、由人驱动的、创造价值的商业基础。

---

① 引述于阿斯彭研究所企业价值战略小组于2009年9月9日发表的《克服短期主义：呼吁对投资和企业管理采取更负责任的做法》一文。另外，请参阅罗杰·马丁发表在2015年10月9日《哈佛商业评论》上《是的，短期主义确实是一个问题》一文。

② 引述于阿珀尔鲍姆和巴特合著的《工作中的私募股权》第二章。

解决异议

然而，关于企业作为社会组织的观点与流行的思维观念背道而驰，因此有必要进一步解决反对意见。

单目标异议

有人可能回答，“好的，你已经指出了一些要点。不过，要求董事在管理公司时考虑到所有不同的利益，这无疑是荒谬的！他们需要一个能为之奋斗的单一明确目标，就像创造最大利润一样”。例如，加拿大商业领袖威廉·迪玛称，企业应该关注各种利益的观点之所以流行，是因为这种观点具有“情感吸引力”。他认为，其实施“将董事和管理层推入了一个模糊、结构混乱的世界”[①]。当然，对此异议的答案是，商业生活是复杂的，其他地方也是如此。简单来说，世界并非一个代数问题，你总能在页面底部找到一条清晰的，毫无含糊的正确解决方案。认为生活在数学课之外的任何地方都那么简单，这纯粹是一种幻想。

---

① 引述于迪玛编著的《股东至上》第 33 页。

日趋强烈的异议

或者，也许有人答复，“好的，我可能说过企业必须最大限度地提高利润。但我的真正意思是企业被迫发展。任何不压榨员工以实现持续增长的公司都将被市场所淘汰！这是不言而喻的事实”。在这种情况下，新古典主义竞争压力的故事（及其抗辩）变得无关紧要。不过，尽管新古典主义利润最大化故事令人印象深刻，似乎具有当代知识分子的烙印（许多博士经济学家对此进行了表述），但企业被迫发展的观点却具有不确定的意味。关于永无止境的增长动力的概念似乎可以追溯到马克思积累理论，并具有一定的知名度。它确实适用于庞氏（金字塔）骗局的特殊情况，在这种情况下，早期投资者的钱是从后来的投资者那里筹来的。的确，在投机狂潮时期，人们有时会将单纯的扩张与未来的盈利能力混为一谈。但是，在当代著作中我还没有遇到提出详细而合理的论点的任何人，这些论点认为，对于整个企业而言，持续增长是必要的。这一观点经常遭到强烈反对。

20 世纪 80 年代的并购浪潮可能被当作公司必须发展这一理论的经验证据，但在那一时期之后，却是一段并购沉寂期。实际上，一些早先吹捧得厉害的协议往往以分手而告终。公司的发展壮大使得公司掌握更多的市场和政治力量，甚至可能从“大到不能倒”的政府政策中获益，这是千真万确的。然而，由于高效管理大型公司一般比较困难，因此商业分析人士日益对合并的可取性表示质疑。例如，备受吹捧的美国在线与时代华纳的合并，在2001年1月大张旗鼓地向世人宣布。但一年过后，事实证明，由于两家原始公司在产品和企业文化上存在差异，合并变得举步维艰，以至于股价下跌了70%。关于某种无法解释的能量、机制或“经济动力”迫使企业无限持续增长的主张，实际上是一种可怕的言论。不过，尽管人类对地位和权力的渴望显然带来了增长动力，但是在公司发展背后存在不可阻挡的“经济机制”的观点，就像发条经济一样，是一种信念和猜测，而不是事实。

组织生活

我感到有点困惑，为什么除了我那些擅长数学的同事外，还有人如此认真对待一心一意的公司的概念。简单的日常观察清楚表明，企业远非是运营顺利，可以赚取最大利润的机器。至少，许多公司的管理者（相当人性化）更关心自己的薪酬（比如，在迪士尼公司），更关心自己的在职时间，而不是为股东获得最佳交易。我认为，安然公司和许多其他企业在2001—2002年所发生的丑闻，以及如此多的银行和投资机构在2008年金融危机爆发之前的轻率行为，无不说明人们对企业领导者坚持股东利益至上的观点产生了怀疑！我怀疑，对于许多首席执行官而言，有朝一日登上《财富》杂志封面是他们心目中追名逐利的夙愿。一些公司似乎更关注增长或创新（例如，亚马逊或沃尔玛），或者处于技术领先地位，而不是利润本身。其他企业明确而公开地做出决策，以牺牲股东的短期财务利益为代价，换取长期的不那么具体的商业目标，例如提高员工满意度或在社区中建立良好的声誉。但是，其他公司的经营如此糟糕和混乱，根本无法察觉到它们的目的。

与任何其他组织一样，公司也涉及真实的人以及他们带来的真实情感、道德标准和社会关系。然而，一些学者希望在“个人层次”与“结构层次”分析之间做出重大区分。这些学者可能说，人们喜欢交际，且有道德，但企业行为则由企业结构所驱使。他们可能误解我的观点，认为我忽视了这种区别，并声称我们要做的就是让好员工在那里工作，或者让好人投资。

如果我这么说，那我错了。

组织决策和行为与个人决策和行为不是一回事。组织复杂些。为了使组织运作，人们需要相互交流信息。信息流可能设计得巧妙，也可能设计不当。管理者需要激发员工的外部动机和内部动机。奖罚制度可能设计得当，也可能设计不当，就像认可制度和成长机会制度一样，需要制订计划。会议需要人安排和主持。决策者需要选出，且决定也要做出。然后，决策必须付诸实施。除了正式的信息和指挥渠道外，非正式的系统（围绕高尔夫球场或饮水机）也要发挥作用。在好人意图与组织实际行动之间，许多情况下会发生延误。内部正式机构结构，非正式网络，以及组织文化在个人意图和组织行为之间形成了复杂的层次。

公司如何承担责任？首先，公司必须确立明确的目标，并真诚地传达其价值观。[①]然后，它必须建立符合其目标的内部系统和信息流结构以及道德监督。哈佛商学院教授林恩·夏普·潘恩认为，企业责任不仅是内部的个人拥有道德标准的问题，还包括创建一个促进和鼓励道德商业决策的整体环境。这需要关注诸如公司业绩如何评估，标准如何制定和实施，以及工作如何规划和协调等之类事项。个人道德必须辅之以这样的观念，即组织还具有道德代理权，通过各种信息流、激励结构

① 引述于弗里曼和奥斯特合著的《弥补价值差距》一书。

和流程使负责任的组织决策成为可能。[①]

比如，考虑一下我姐姐从事护理工作的一段经历。尽管上一个雇主也追逐利润，却对她不错，但当全体员工都被要求去参加道德研讨会时，她对此愤愤不平，因为她觉得和她一起工作的同事都很彬彬有礼，讲道德。然而，在研讨会上，她了解到公司设有一条热线，如果员工看到某些他们认为是不道德的事情，可以拨打电话。此后不久，她观察到医院的一家专科门诊将有利可图的手术安排在正常工作结束后进行，以牟取更大利润。她觉得这种做法很危险，因为当时很多医院设施都关闭了，只有值班人员在那里。于是，她拨打热线电话举报。这种在正常工作结束后进行手术的做法停止了。当然，如果医院决策者起初没有安排这些额外手术，情况会更好些。但如果有一条良好的信息反馈回路，就可以使一个熟悉问题的人向处于较远决策位置的那些人传递道德预警。显然，该组织的决策流程已设计为可以采取负责行动的方式来处理此类警报。企业中良好的内部结构可以助力其实现道德和财务上的目标。

或者考虑一下性别和种族歧视问题。哈贝马斯认为，官僚

① 引述于林恩·夏普·潘恩编著的《价值转移：为什么公司必须合并社会和财务要求以实现卓越的业绩》。该书于2003年由纽约麦格劳·希尔公司印制。

机构及其层次分明的权力和规则，是非人性化“体系”的一部分。但如果你赋予个人太多的自由，由他们根据自己的喜好来决定雇佣和晋升的选择，那么他们无意识的偏见会得到自由的发挥。他们倾向于选择优秀的人（但不是优秀到让决策者相形见绌的程度），以及在社交、工作风格和优先事项方面与他们合拍的人。为了使决策对历来受到歧视的人更加公平，许多人现在认为决策过程必须具有更加开放和透明的结构。《财富》杂志在一篇有关企业如何保护自己免受歧视诉讼影响的文章中建议：“建立正规化的选拔和晋升制度，定义所需的能力，发布岗位信息，对选拔人选进行评估。”[①] 一些组织举办研讨会，作为这种日益流行的工作方式的补充，这样可以助力决策者更加清楚地了解自己的潜意识偏见和“老年男孩俱乐部”的习惯。

那些反对从个人层面到结构层面分析的人，通常倾向于根据自动利润最大化和僵化等级的机械形象来思考企业“结构”。我相信，采用一种更加面向管理的方法，并试图了解特定内部关系如何影响组织本身的复杂行为将更有成效。

① 引述于贝茜·莫里斯发表在 2005 年 1 月 19 日《财富》上《公司如何看待女性》一文。

作为投资者的生活

投资者如何才能变得更负责任？尽管经济学家的机械故事为学术上的机会主义和贪婪提供了掩盖，但大多数投资者并未着手行恶。与企业内部一样，目标的清晰性，精心设计的激励措施，信息流和流程对于实施负责任的投资至关重要。目前，许多基金经理明白他们的受托责任是为客户获得最高的财务回报，并以此为基础获得回报。当前，投资者获得的关于公司的主要（或唯一）信息是一组狭窄的财务数据。事情不一定要这样。

例如，我所服务的一所私立大学明确宣称其崇高目标是知识创造和社会实用性。然而，其投资基金经理坚持称，她对学校的受托责任仅仅是获得尽可能高的经济回报。一群学生组织起来质疑这一点，他们认为，为大学的利益行事应该包括通过资金投资来支持其既定目标。同样，加州公务员退休制度（CalPERS）认识到，其选区成员对金融稳定具有长期利益，而不仅仅是短期利益。加州公务员退休制度率先认识到，作为公民、工人和家庭成员，其 180 万成员在很大程度上受到劳工权利、社区健康和环境健康等问题的影响。因此，它尝试将环境、社会和治理因素全面应用到其投资策略中。这不仅仅是对目标的模糊陈述，而是含有时间表和衡量指标的明确倡议。其他人则可以效仿。

在个人投资者或个人管理的基金之上，还有一些结构也会改变。例如，许多养老基金和共有基金咨询代理顾问服务公司，以寻求如何投票的建议。通常，此建议仅基于经济回报和内部治理标准。因此，在这里，利润最大化意识形态又一次失控了。2014年，林恩·斯托特在《纽约时报》的一篇社论中，要求机构股东服务公司（最大的代理咨询服务公司之一）认可更广泛的公司业绩标准。[①]2017年，机构股东服务公司增加一个分支机构，负责研究环境和社会绩效，这至少是朝正确方向迈出的一步。

那些反对从个人层面到结构层面分析的人，通常倾向于以无情追逐利润和残酷竞争的机械形象来思考金融市场。我认为，采取更加多维的方法，即认识到只关注短期财务结果会损害其本应服务的系统，将会更有成效。

---

① 引述于林恩·斯托特发表在2014年9月15日《纽约时报》上《增加投资，改变“股东价值”的定义》一文。

从营利性到非营利性

尽管公司的拥护者和批评者对后果的阐述有所不同，但他们都相信利润最大化论。亲商务狂热者倾向于夸大以利润最大化为基础的企业的假定效率。相比之下，反市场拥趸倾向于认为传统的营利性组织本质上是贪婪的，任何道德行为顶多是一种公共关系的噱头。本章试图对这两种观点提出质疑，摒弃了支持这些观点的机械隐喻，并认为公司是受人类社会和人类政治影响的人为组织。

其他类型的组织又如何？与企业相比较，亲商务狂热者往往认为非营利组织或政府组织没有纪律，浪费资源。而反市场拥趸则从另类角度，满怀希望地看待非营利组织、国家和/或"福利公司"运动。这样的组织值得人们完全鄙弃，或者相反，值得人们完全信任吗？现在，我们开始讨论这个问题。

7

CHAPTER

服务及其局限性 非营利组织、政府、合作社和福利公司

三家医院的故事

在有关护理工作动机的章节中，我提及三家医院。一方面，我的许多反对市场的朋友认为，其中两家医院是由营利性公司经营的，而另外一家则不是。对我姐姐指手画脚的那家大医院和压榨护士的布罗克顿医院的行事方式，往往与企业的贪婪分不开。“它们唯利是图”的事实被视为它们苛刻对待员工的原因所在。另一方面，我的朋友猜测，关注员工福利的小医院可能是一家非营利组织或国有机构。人们通常相信，这些组织致力于崇高的、为人民服务的目标。当我告诉他们，这家小医院在病人满意度方面的排名也比大医院高（尽管他们服务的人群相同），这更强化了他们的猜测分析。

实际上，在我姐姐的故事中，员工和患者满意度都很高的医院是营利性连锁机构的一部分。差点让姐姐放弃护理工作的则是一家县政府机构。三家医院中的非营利机构是布罗克顿医院，其管理层剥削护士，并在公开声明中贬损她们。

怎么会这样？

实际上，我们不能简单地通过查阅其法律章程内容来判断组织的行为方式。证明这一点不只是坊间证据。例如，一些实证研究表明，营利性医院的平均医疗质量可能低于非营利医院，但其他研究却表明，两者在质量上相差无几。[①]一项针对托儿中心的大型研究发现，在所考察的三个州中，营利性组织和非营利性组织在多项平均质量指标上没有差异。在第四个州，由于该州监管较少，非营利组织的平均表现更好些。在同一项研究中，与其他非营利机构相比，教会经营的非营利中心表现相当拙劣，如果你认为教会特别"利他"，那你就大错特错了。[②]

平均值可以掩盖营利组织、非营利组织和政府部门中的巨大差异。（过去，我常向统计班的学生讲述有关统计员试图过

① 关于发现平均差异的研究范例，请参阅P.J.戴维索等人发表在2002年5月28日第166卷第11期《加拿大医学协会期刊》上《营利性私立医院与非营利性私立医院死亡率比较研究的系统评论和荟萃分析》一文。关于质量差异不大的调查结果的例子，请参阅弗兰克·A.斯隆、加布里埃尔·A.皮科内、小唐纳德·H.泰勒，以及周信义发表在2001年1月第20卷第1期《健康经济学杂志》上《医院所有权以及医疗服务的成本和质量：一角钱是否有区别？》一文第1—21页。

② 引述于苏珊娜·W.赫尔本编辑的《托儿中心的成本，质量和儿童成果：技术报告》。该书于1995年由丹佛科罗拉多大学的经济和社会政策研究中心出版。

一条平均深度达八英尺的溪流，结果遭淹死的故事，以此来说明这一观点。）一份对医院的研究表明，营利医院和非营利医院之间的平均死亡率差异被“每种所有制医院之间死亡率的巨大差异”所掩盖。[①] 也就是说，即使非营利组织普遍表现好些，你仍可以找到有关劣等非营利组织和优等营利组织的例子。

什么类型的组织在服务社会？为了创造公正、繁荣、充满爱心和生态可持续的经济，我们需要什么类型的组织？市场批评者（或许在阅读前一章后）认为，传统企业不可能为社会利益而行事，于是，他们倾向于相信非营利组织和政府，以及其他类型的商业机构。他们认为，非营利组织自然会关注非货币性，通常多以服务为导向的目标，这些目标载列于其法律目的的声明中。他们认为，政府组织关注“公众利益”。人们通常认为，合作组织的企业，可能是工人所有或消费者所有，比传统公司具有更大的利益范围，其层次结构较少，且回避剥削。“福利公司”和“公益公司”是指在技术上以营利为目的的企业，它们所采用的法律语言和流程旨在确保它们为社会公益事

① 引述于马克·麦克莱伦和道格拉斯·斯泰格合著的《比较营利医院和非营利医院的质量》一文第 94 页。该文章刊登在大卫·卡特勒编辑的《不断变化的医院行业：比较非营利机构和营利机构》一书中，该书于 2000 年由芝加哥大学出版社出版，属于国家经济研究局会议报告。

业服务。所有这些或全部是否预示着一个更光明的未来？

非营利组织

有些人主张由非营利组织从事某些活动，以“保护”它们免受“经济价值”的影响。然而，有两件事需要牢记。

首先，并非只有营利性企业关注金融事项。非营利组织在月底也要支付工资和账单。非营利组织还必须保持收支平衡，有时（尤其在公共服务领域）其预算相当吝啬。由于他们需要关注成本，因此有时他们可能受到诱惑或被迫减少员工的福利，降低创造的质量，或者推卸作为社区公民的责任。

其次，这类组织也不存在什么自动之说。人为问题和存在问题的内在结构，甚至会导致非营利、面向公共服务的机构以违背其社会价值和正式声明的目的的方式来行事。并非只有营利性组织可能由那些麻木不仁、贪婪或目光短浅的人经营，或者遭遇糟糕的机构设计。

例如，我曾经在一家私立非营利大学工作，该校以“学术卓越”为荣。它自称是“世界一流的研究机构”，并提供“小型文科学院所特有的亲密氛围和个性化关怀”。其网站吹嘘“它重视跨学科求知法”。该大学的使命声明指出，它“努力反映美国和世界社区的多样性”。所有这一切听起来相当美妙，不是吗？显然，这家私立非营利大学致力于其卓越的研究，并建设包容性、多元化的学术社区，对吗？

前往这所规模较小的大学工作之前，我曾在美国排名前30的经济学系中获得终身教职。我拥有良好的研究记录，在著名期刊上发表的大量论文便是明证。我已获得国际上的专业声誉，并在学科领域外享有一定声望。出于家庭缘故，我辞掉终身教职，转而来到这所较小、鲜为人知的大学的经济学系任教。虽然不是终身教职，但校方承诺很快对我进行任期审查。校方对此已制定一套合适的审查程序。我的聘书指出，我需要接受终身任期审查，关于审查程序在教师手册中有详细说明。在这类正式程序中，人们普遍认可的经济学研究评估标准是某人发表论文的数量和质量，这些论文发表的期刊的排名等级可以作为质量评估标准。

实际发生的事情令我大吃一惊。起初，尽管我的聘书已有说明，但校方完全拒绝考虑我的升职评估。因我所教授的新课的学生注册人数少（难道不是“增进亲密性”？），我受到校方的批评。系主任告诉我，关于教师业绩评估，“跨学科工作不重要”。后来，学校对我进行评估，拒绝给予我终身教职，理由是尽管我的研究成果足以在较高等级的机构获得终身教职，但根据他们的标准却是不够格的。与此同时，他们授予我的一位男同事终身教职，他所发表论文的期刊在业内最高排名为第 104 位。我被解雇的那一年，经济学系聘请了五位新的全职教师。虽然最初评估失败的依据是“我的研究领域不适合他们的需求”，但其中一名新聘教师的研究领域与我在先前大学教过的领域一样。所有新教师都是男性。尽管校方宣称其致力于崇高宗旨，但我认为，在其行为背后，是对女性的歧视，以及对我挑战主流经济学男性偏见的厌恶。[①]

然而，我并不认为这所大学特别与众不同。相反，根据我的经验（在我所参与的每个组织中），组织是极其复杂的。认为组织中每一个人都全心全意致力于既定任务，并且所有程序都设计良好，运转顺利，这简直是天方夜谭。但如果你身处组织中，并合理意识到你周围的情感和社会动态，你会发现人类是复杂的混合体，其中包括贪婪、恐惧、热情、尊重、激情、支持、冷酷、勇气、奉献、困惑、嫉妒、信心、偏见、陷害、谄媚、崇高理想、忠诚、能力、真诚、友情、成就、分歧、投

① 我与这所大学的纠纷最终在律师、调停人和马萨诸塞州反歧视委员会的帮助下得以解决。马萨诸塞州反歧视委员会裁决我的投诉具有“合理根据”。

机主义、不称职、慷慨、创造力、矛盾、平庸、道德沦丧、道德领导、横切目的、小吵小闹、意想不到的协同作用，以及人格冲突。你还发现一些内部实践导致了有用的会议、准确的沟通、良好的责任分配、公平的奖励和高效行动，而其他一些则导致无用的会议、错误的沟通、失败的事情、不公平的奖励和低效行动。有时，组织的既定公开目标完成得相当不错，有时只完成部分，有时则是完全失败。

非营利组织身份并不能保证组织领导者不会变得自私自利。据美国慈善协会的最近调查介绍，囊性纤维化基金会的首席执行官的年薪为 210 万美元；美国童军的首席执行官的年薪为 140 万美元。美国全国步枪协会，也是一家非营利性组织，其首席执行官于 2015 年获得 460 万美元的薪酬。大学也日益开始授予其最高领导类似于企业首席执行官的待遇。[①]

这不是真的吗？你是否曾在工作场所、学校、宗教或民间组织或家庭（任何组织，无论是“营利”还是“非营利”）待过一段时间，但这些组织至少没有展现出一些人性和结构性的多样性？

① 2017 年 6 月 10 日访问美国慈善协会网站上的《顶级慈善补偿方案》一文。

政府

许多市场批评者和多数走中间道路的经济学家认为，尽管企业和市场仅反映私人利益，但国家以各种形式追求公共利益。桑德尔、皮凯蒂和布朗（详见第二章）等学者认为，国家应该通过关注道德和社区的方式，来控制和调节本来由机械和自身利益驱动的商业和市场领域。民主的一人一票制政治制度的平等规范与一美元一票制市场领域形成对照。政府领导者被视为“公仆”。

相比之下，亲市场狂热者将政府机构视为行动迟缓、沉重、爱干预的官僚机构，妨碍了人们的个人自由和经济自由。学术上“公共选择”经济学理论家认为，即使在公共部门，人们仍是自私自利的“经济人”。他们说，政客们将尽一切努力获得选票并留任，而官僚们将竭尽所能，哪怕牺牲公共利益，也要巩固其地位。

哪一个正确？或许世界可能比任何一方所想象的还要复杂？

我十分赞同许多反市场批评者的看法：最近几十年来，随着形势发生很大变化，在这场辩论中，有关亲市场、政府少干预的观点占了上风。在效率和自由市场的名义下，美国、英国和其他地方的许多公共部门职能已经私有化。我非常关注私营监狱及其对司法系统的影响。我非常担心公共教育经费的短缺，这对于建立在积极公民身份和宗教自由基础上的民主国家的健康意味着什么？2008年的金融危机和公司融资中的短期主义潮流，在很大程度上可以归咎于一波放松管制的浪潮。我还极为担心贫富差距的扩大会进一步削弱社会保障体系。美国的小政府思想家进行了蓄意的运动，破坏和削弱公共计划的资金，以致它们无法运行，宣告它们失败，然后完全废除它们。

不过，政府也有缺陷。尽管国家具有许多极其重要的职能，但却不是骑着马救人于危难中的英雄。腐败现象是真实存在的：2009年，两名宾夕法尼亚州法官因收取数百万美元的回扣将青少年送往私营拘留所而被判刑。服务差是真实的：我居住的马萨诸塞州三个地方社区学区，最近因表现不佳而受到州政府的监督。故步自封是真实的：包括沿海洪水保险和许多农业补贴在内的一些联邦项目远远没有达到其最初的目的，现在正对环境和人类健康造成负面影响。然而，这些项目还存在。赋予像迈兰之类制药公司这种权力的专利是由政府授予的。政府领导者和官员中存在追求更高名利的现象是真实的：公立大学校长的薪酬待遇日益朝其企业同行看齐。这只是国内问题。从更广泛的角度看，北半球的企业进行全球军火贸易通常得到政府的资助，这些政府将武器的转让视为战略性“外国援助”。

南半球国家的土地掠夺几乎总是与跨国公司和串通一气的政府官员之间的狼狈为奸有着说不清的关系。

而且，如我所写，美国政府最高职位，即总统宝座，是由一位明显不胜任的人担任。联邦政府的权力现在被搁置在一些政策之后，这些政策是我的许多亲政府的朋友所不能忍受的。我们透过爱丽丝窥镜，世界看上去乱七八糟。

当然，对公共行动寄予厚望的进步学者并不指望这个政府有所作为。他们心中所想的是一个纯洁的、合情合理的、更具道德规范的、更高效的政府。实际上，反市场拥趸通常会扭转争论的焦点，并将政府事务的糟糕状况归咎于私营部门权力的集中。他们认为，如果我们能够摆脱强大而贪婪的公司对政府的影响，并阻止市场价值观对公共机构的“企业化”，那么我们可以恢复真正民主、真正为公众服务的公共部门。

不过，尽管企业游说、竞选财务问题以及公共机构内部有害变化是极其重大的问题，但我认为，针对这个问题的反市场诊断忽视了一个基本要点：作为个人和组织，我们的基本价值观、道德规范和同情心以及我们如何努力将其付诸实践，比我们个人的职称或者组织的公司章程内容更重要。

你有没有注意到，反市场人士指出资本主义企业和市场的许多政治问题，与许多亲商务人士指出的政府问题完全是一样的？政府通过专利、补贴、法规或合同的偏袒，可以说是促成今日我们所看到的一些经济力量集中的原因。“普通民众”企业缺乏游说力量，有时会因政府支持的项目而处于不利地位：考虑一下在2008年金融危机之后，谁获得保释，谁没有，就一目了然。请注意，对“奥巴马医改方案”最直言不讳的一些批评者是小企业主：很显然，这项政府医疗保健计划使大型健康保险公司和制药企业受益。再举一个例子，领导者需要不断在高盛投资公司等金融企业和（可能）监管金融业的美国财政部办公室之间来回穿梭。反市场人士认为，这是有害的企业影响问题，因为它会以另一种方式腐蚀热心公益的政府监管机构。而那些坚信竞争市场好处的人则认为这是政府偏袒的问题。许多持有商业正能量观点的人，特别是如果他们受到某些设计不当的政府规则或行为造成的人身伤害时，他们会希望出现一个更纯粹、更合理、更有道德、更有效、更热衷于公益的私营部门，如果政府不插手的话。

反市场和亲商务的远见者一致认为，如果我们拥有理想、良好和明智的经济和政治制度，便可以实现理想社会。但这只是同义重复：理想制度将为我们提供理想制度。双方都忽略了一点，理想制度并不那么容易产生。

那么我们该如何处理目前的困境？

我认为，我们可以摒弃等待救世主出现的念头。与其对部门进行本质上的善恶判断，不如我们重新考虑一下，我们会认识到所有人为机构均具有造福潜力和危害潜力。当私营部门和公共部门的最糟糕部分（也就是，最自私、最狭隘、不民主、目光短浅，有时残酷，有时甚至相当愚蠢的部分）沆瀣一气，豺狼当道时，最大的伤害就会从天而降。那时我们会拥有私人监狱和腐败法官，鲁莽的金融机构和业内监管机构。从那时起，富人可以收买议员；老百姓真正负担得起的医疗保健将成为空中楼阁，子虚乌有；战争开始为武器制造商催生市场；为了给建设炼油厂腾地方，警察居然放火烧毁贫民窟。

有些极右翼人士认为，许多政府项目应该缩减或取消，而我们这些持不同意见的人则认为，人们应该多关注这些项目，而不是少关注，这样，这些项目可以完成得更好些。我们认为，一个关注人民福祉的政府不应该是破坏个人自治的庞大机构。同样，本书的观点是，与其总是试图缩减或约束私营部门，不如让它好好发展。承担社会组织的全部责任的企业，不应该成为摧毁人类生活和社会意义的主宰。当我们不再相信机械经济神话时，我们可以看到，“公共服务”的提供不必局限于公共部门。

当市场批评者指出“市场价值观”正在使公共机构“企业

化”时，他们意识到某种东西，但其观点却表达不到位。事实上，正在发生的是，不良价值观和狭隘金钱目标正在“侵蚀”私营机构和公共机构。

合作社

资本主义批评者经常认识到，某些类型的私营企业在社会供给方面可以发挥重要作用。那么，对他们而言，问题是如何以非资本主义的方式设计这些企业。

如前所述，关于工人所有合作社的想法是一种深受大众欢迎的模式（虽然消费者合作社也有所提及）。对于这种观点，我肯定支持。在某种情况下，这可能是组织企业的绝佳方法。然而，我不认为这是包治百病的药方。我发现许多反市场作家将它理想化，认为这不仅对工人有利，而且对社区有利，具有生态意识、反种族主义、反性别歧视，包容性别怪异，还能够在最小层级或冲突下运作。这对组织结构来说要求太多了。如果所有工人都持有与作家一样的价值观，则可能出现这种情况。不过，如果他们没有这种价值观又如何？如果结果证明，工人是普通人，有着各种各样的观点和局限性，这意味着什么？

此外，还有规模和持久性的问题。自 19 世纪初，工人合作社一直是解决资本主义残酷问题的设想之一，也是罗伯特·欧文活动的一部分。许多合作社都是从那时起开始的。一些合作社坚持团结和直接民主的基本价值观，发现这限制了它们发展的可能性。其他合作社发展壮大了，但在发展过程中，它们不可避免地采用一些管理模式，这些管理模式与公司管理模式没有什么不同。很多合作社迟早会失败。是否有证据表明，在大部分情况下和长时间内，工人合作社或合作网络是可行选项？为了回答这个问题，多数支持者都提到蒙德拉贡公司，这是一家位于西班牙巴斯克地区的企业联合会，雇用了大约 7.5 万员工。哦，蒙德拉贡。或许，意大利也有一家。

鉴于合作社理念已经存在将近二百年，我认为，工人合作社已经准备好承担负责整个经济转型的全部责任，这并不是往绩记录。

福利公司与 B 公司

福利公司和认证 B 公司（或“B 公司”）是相当新的组织

创新。这两种形式都试图将社会目标与更为传统营利公司模式的管理和财务优势相结合。这些公司必须：

- 为公益目的服务
- 不仅考虑股东利益，还要考虑员工、客户、社区和环境的利益
- 考虑长期利益
- 透明和负责任

目前有33个州已经制定允许设立这种特殊类型的公司的法律，福利公司可以在这些州的任何一个州注册成立。关于它们的公共目的和服务所有股东的声明，均可直接写入公司宪章。尽管B公司可以作为福利公司或根据许多州的标准公司法注册成立，但B公司需经过独立的非营利B实验室认证，以证明其为公众利益而运营。这项创造对社会有用的变革性企业的举措，毫无疑问是值得称赞的。该举措还制定创新的程序，以确保透明度，评估业绩，并利用第三方来确保组织使命可以得到实质上的执行。毋庸置疑，该举措激发了一些商业领袖重新思考其目标，并鼓励心怀大志的人投身于商海。

然而，该举措存在一个严重问题。引用B实验室有关《创建福利公司指南》：

福利公司具有不同于传统公司的新目的。传统公司承担着使利润最大化的单一职责，而福利公司除了追求利润，还有更多考虑社会和环境的目的。[①]

因此，不幸的是，这些举措正在积极宣传关于公司及其宗旨的弗里德曼式神话。在宣布面向公众的目标是“新的”“与过去不同”时，这些举措未能认识到所有早期、更广泛的商业概念及其目的。它们接受并无意间强化了传统公司作为利润最大化机器的形象。

令人不安的是，福利公司运动所拒绝的同样狭隘的短期目标非常有可能载入立法和判例法中。由于福利公司和B公司不太可能成为组织的主导形式，因此这种规模相对小的运动可能会产生意想不到的巨大负面后果。例如，如律师马克·A.安德伯格所言，根据管理公司行为的法律，而非经营者的选择，将“好”公司与“坏”公司一分为二的做法，不利于负责任的公司治理的更广泛利益。为了做出负责任的公司决策，所有公

① 引述于2013年10月B型实验室发表的《宾夕法尼亚州福利公司使用指南：逐步合并为福利公司》一文第1页。另也可参见米尔斯通编著的《节俭的价值》中关于利润最大化“指令”的类似说法。

司不可能顾及全部利益，这点在法律上是没有理由的。B 公司倡导者夸大现行法律对董事自由裁量权的限制，以此作为不这么做的借口，这一点同样没有道理。同样令人遗憾的是，这种基本原理如今已载入《B 公司法》的立法历史中，这可能会在未来法院裁决进一步界定董事信托义务的范围时产生意想不到的后果。[①]

创造具有社会和环境意识的公司值得赞赏。不过，福利公司和 B 公司运动所选择的言辞和法律程序，可能最终会严重损害运动自身的更大目标。它们可能为传统公司提供更多理由，用“系统让我这么做”为恶劣行为辩护。

组织和目标

我完全赞同市场批评者的观点，即赚钱以外的目标应该很重要。不过，我完全不同意“分离领域”的观点，即我们必须

① 引述于马克·A. 安德伯格于 2012 年 5 月 13 日发表在《哈佛法学院公司治理和财务监管论坛》(博客)上《福利公司与“常规”公司：有害的二分法》一文。请注意，作者在写“B 公司”时，很有可能是意指“福利公司”(一种具有特别宪章的公司)。这两种形式经常被混淆。

要求传统商业部门无情地、不负责任地去追逐每一美元的利润。本章指出，组织以非营利性、“为公共利益”或由工人运营的事实并不能保证良好的动机或结果。我们必须根据组织的工作对其进行评估。强调传统企业的目标和成就与其他组织形式的目标和成就之间的（假定的）差异，可能会进一步固化机械思维。

所有形式的组织都需要对道德规范和外部团体的监督给予积极的关注。一旦我们放弃将经济视为机器的观点，我们就会意识到，没有什么是自动的。

8

CHAPTER

经济与环境
全球生存问题

外面有个大世界

无论从字面上还是比喻上，人们都会使用“山顶体验”这个短语，因为它描述了开启人们心灵的，势不可当、令人敬畏的事件。想象一下，经过数小时或几天的攀登和大汗淋漓，你站在高山之巅的情景。俯瞰足下，一幅磅礴的全景画卷徐徐展开，大自然的雄伟壮观尽收眼底。极目远眺，眼界开阔，你不禁感到自己的渺小。环视群峰，回想起形成峰峦的久远地质时代，你不禁感叹光阴荏苒，日月如梭。这种想法可能令人不安，但你不由庆幸，因为你有福饱览大自然的鬼斧神工。站在山巅，大口吸着清新空气（或许是费劲地），你好像和万年来千变万化的神奇苍生万物融为一体。与诸如树梢、空中翱翔的鸟儿和地上的蝼蚁一样，我们也是苍生万物的一分子。

当然，也有其他方法来感知我们与大自然之间的联系。[1]

---

① 说我们与“自然界其他部分”的联系比说与“自然界”的联系更准确，因为后者意味着我们人类在某种程度上处于自然界之外。

只要走进城市公园，仰慕古老而雄伟挺拔的大树，或者瞧一瞧一片树叶或一叶草，你会觉得大自然与我们密不可分。一个人的自身意识，无论是自发的还是经过刻意实践培养出来的，都能将我们的思绪带回洋溢激情的亘古世界。我们是活生生的生物，是浩瀚宇宙不可分割的一部分。

我们还看到人类居住的影响。我们之所以登临山顶，是因为有人开采石油和砾石，混合沥青，并修建了一条路。还有一些人披荆斩棘，开辟道路。其他人耕作、种植，运输和包装物品，以建造小吃店和制作什锦杂果。举目远眺，我们看到远处的城镇，或者城市树木旁的人行道，并意识到勤劳的活动也是我们的生活。尽管狂野的大自然让我们视野开阔，但是一个完全原始的环境将几乎没有人类生存的空间。

这两种状态的平衡在何处？从阿巴拉契亚山脉的一些山顶俯瞰大地，只见座座峰峦被露天矿区夷为平地，受到污染的溪流蜿蜒地沿山坡流下，大煞风景。有时我们徒步穿越森林，发现在正常海拔范围内，随着平均气温的上升，森林正在死亡。在城市，树叶可能因干旱或引发儿童哮喘的污染物而变得干枯、斑斑褐色。我们徒步行走的小径，因频繁地受到狂风暴雨的蹂躏而严重受损。我们脚下的大地因人类的肆虐而瑟瑟发抖。

如果我们阅读新闻并认真对待科学，我们会意识到人为造成的气候变化。我们还意识到物种灭绝、有毒化学物质、水资源短缺，以及破坏人类和大自然关系的其他问题。尽管这些可能只对我们日常徒步旅行造成微不足道的干扰，但它们已经在破坏全球许多人的生计和生活。如果我们有颗爱心，会因知道这些而感到痛心。我们没有对自然环境进行适当的管理，人为造成的后果正在影响着我们的家园。

亲商务观点

经济与环境：我们经常看到这种提法。有人说，对汽油征收几便士的税也不行，因为那样做会造成经济陷入衰退。有人认为，为了保障就业，我们必须拯救煤炭工业。清除工业污染物排放或使用更安全的化学物质取代有毒化学物质被认为是不可行的，因为这会损害公司的“底线”。有人声称，对环境的关注将不可避免地使全球穷人陷入持续贫困。

有些人（尤其是在美国）喜欢完全撇开环境因素，故作不知情，否认气候变化的科学，并压制环境破坏的证据。对他们而言，这些经济论据可用作宣传。它们的作用是在经济弱势群体中灌输恐惧心理，并为继续对环境视而不见的商业行为提供看似合理的理由。

不过，即使是那些愿意听从科学的人，往往将这个问题表述为一种权衡：我们“负担得起”多少环境保护？在单个企业层面，只有在需要提供“商业案例”时，你才会采取有利于环境的行动，也就是说，这行动将增加盈利能力，或者至少不会损害盈利能力。在国家和国际决策层面，人们会要求主流经济学家来阐明这个问题。

回想一下，主流经济学理论是基于牛顿力学的：核心模型使用微积分对“边际”变化的影响建模，这意味着在价格或数量上会有微小或递增变化。我们还通过致力于“硬”科学（一种奇怪的形象），来探讨经济学科如何倾向于掩盖道德考量。核心模型还完全忽略环境问题。经典的“生产函数”是一则公式，它将公司的产出与其资本（通常理解为机器）、劳动力和时间的投入联系起来，根本没有提及相关的物质资源、能源和废物处理方式的要求。经济学家投入大量精力研究一种方法，这种方法假设在一个机械的、可预测的和可控的世界中，未来与过去不会有太大的出入，而冷静的数学分析是唯一的必要工具。然后他们又假设现实世界符合他们的模型。当站在众所周知的山巅上，他们相信自己已经征服并解决了这个问题。

选择用于检查微小变化的简单机械模型作为分析复杂道德问题的工具，这些道德问题涉及相当复杂的自然和经历巨变的社会制度，这可能会发生什么问题?

更具体地说，要考虑主流经济学家关于气候变化的主导方法。人们认为，弄清楚我们能“负担”多大预防措施是无所不知的中央规划者的任务，他将通过确定使单个数学公式的价值最大化的政策组合来回答这个问题。该公式表示人们从商品和服务消费中所获得的满足感，这种满足感是全球范围的，在时间上涵盖了当今和未来。收益（就消费而言）提升了数学函数的（好的）价值，而成本（就消费损失而言）则降低了（不好的）价值。一个拟议的减少温室气体排放的计划要想通过审核，它必须表明其收益大于成本。

然而，很大程度上，更远的子孙后代或许还有最贫穷和最脆弱国家的居民，可以享受减少气候变化所带来的好处。相应地，减少气候变化的成本显然落到当代和近代人头上，或许特别是富裕国家的居民身上。经济模型经常通过调用以下假设来阻碍行动：

- 未来的经济增长将遵循过去的模式，因此子孙后代比我们富有。

- 子孙后代的福祉可以打折扣（减权）。
- 模型不应要求（或甚至不允许）将资源从富国转移到穷国。

其结果往往是，只有那些“花费”最多相当于国内生产总值几个百分点的适度政策才是“经济上合理的”。任何剧烈变动均视为“代价过高”[①]。

在政策类型方面，市场导向的政策更受青睐。通过慢慢引入碳税（例如，汽油税）的方式来改变市场价格是所提及的选项之一。建立适度“限额和交易”计划，为“污染权”创造市场，则是另一种选项。非市场化政策方法，如政府对车辆排放的直接监管或大规模公共研究计划，往往被认为效率相对较低。最

---

① 威廉·诺德豪斯是一位具有广泛影响力的经济学家，他将对气候变化的热情关心与（不幸的是）非常传统的经济方法和假设结合起来。有关他的工作，请参阅威廉·诺德豪斯编著的《气候赌场》（该书于2013年由康涅狄格州纽黑文市耶鲁大学出版社印制）。然而，一些经济学家，如尼古拉斯·斯特恩爵士，越来越多地偏离了传统的假设，强调灾难性变化的可能性和这个问题的道德层面（例如，尼古拉斯·斯特恩发表在2013年第51卷第3期《经济文学杂志》上《气候变化潜在影响的经济模型结构》一文第59—838页）。更多关于全球不平等问题是如何通过所谓的技术假设来消除的信息，请参见伊丽莎白·斯坦顿发表在2011年第107卷第3—4期《气候变化》上《综合评估模型中的根岸福利权重：全球不平等的数学》一文第32—147页。

糟糕的是，它们被视为大政府对私人自由的有害侵犯，并且是在其他方面运转良好的市场发生“扭曲”的根源。人们通常认为，因自然发生的市场价格变化而激发的未来大规模技术创新会对解决气候变化问题做出重要贡献。

经济主义假设在国际讨论和谈判中正日益发挥作用。政府间气候变化专门委员会的报告往往严重依赖上述类型的经济模型。经济学家对道德讨论的过敏似乎也具有传染性。在主持2015年巴黎峰会期间，联合国气候变化负责人克里斯蒂安娜·菲格雷斯明确呼吁各国出于自身利益（特别是经济利益）考虑，努力促成各国达成协议。

“我们能负担得起吗”之类的方法启发了我的一位朋友将他的书命名为《我们能负担得起未来吗？》。[①] 当然，这个问题很荒谬。为了满足富裕国家当前居民的物质享受而牺牲现在和未来几代人的生存和生活质量的想法，简直是不可救药。

“我们希望生活在怎样的世界里，以及留给子孙后代什么样的世界？”则是一个好问题。

---

① 引述于弗兰克·阿克曼编著的《我们能负担得起未来吗？》一书，该书于2009年由伦敦泽德出版社出版。

反市场观点

反市场评论员经常从这个好问题入手。他们认识到经济生活完全取决于更大的自然环境的健康，因此通常将生态可持续性放在首位。由于认识到我们生活在一个有限的物质世界里，他们对国内生产总值无限增长的想法产生了有益的怀疑。他们对包括审美、道德和精神文明以及和谐人际关系在内的人类福祉有着更全面的认识，因而不再迷恋于物质消费。由于关心弱者和穷人，他们不太可能将分配问题搁置一旁。认真对待环境危机这门科学，他们更有可能认识到反馈循环和不可预测的（可能是灾难性的）事件的可能性。由于没有受到“边际”分析习惯的束缚，他们认为，为了防止进一步的令人心碎的破坏，迫切需要对我们的生活方式进行深刻和戏剧性的改变，尤其是对我们这些在全球范围内富有的人。

不过，那时他们的回答往往是有问题的。批评者有理由因为企业丑闻而感到生气，例如，埃克森美孚压制科学将化石燃料与气候变化联系起来，大众集团欺骗性柴油排放报告，以及孟山都回避其产品对安全和环境的影响等，因此批评者倾向于快速将环境破坏源头定位为企业行为。这种趋势，加上对经济生活中潜在的“力量”“法则”和“当务之急”的经济学概念

的采纳，常常使他们采取一系列类似的推理：

- 市场和资本主义是由“贪婪”驱动的。
- 贪婪正在毁灭地球。
- 因此，必须推翻市场和资本主义。

许多反市场评论员进一步将市场和资本主义与新自由主义全球化、层次组织、失控的消费主义，以及对大规模技术的过度依赖联系起来。因此，变革需求经常要求创造一种全新的经济，或许以绿色经济、可持续经济、关爱经济、共享经济、社会经济、佛教经济或其他变体的名义出现。不管他们称之为什么，据说市场批评者所设想的那种新经济具有与当前体系截然相反的原理。[①]

据说，新经济将建立在爱、社区和合作的价值观之上，而不是基于个人利益，孤立和竞争的价值观。可持续发展而不是

---

① 在此和下文中，我使用术语“新经济”，是特指建立在更加道德和合作的“原则”基础之上的乌托邦经济概念，与我们目前经济的“原则”相对立。许多作品采用了这种方法，关于这样的例子，请参见乔尔·马格努森编著的《正念经济学》（该书于2008年由纽约的七个故事出版社出版）。关于新经济或绿色经济是什么样的，目前也有其他不那么二元化的想法，其中一些我是认可的。

剥削将是一项基本原则。无增长将取代增长的当务之急，工人合作社、非营利性组织和小型社区型企业将取代大型公司，本地供应将取代全球贸易，民主决策将取代层次结构。除非规模很小，否则技术创新可能被视为旧制度意识形态的一部分而遭到忽略。用市场方法解决环境问题的建议通常被认为是“给大自然定价”，并被视为本质上不道德而遭到摒弃。

有些人将他们对“新经济”的呼吁与佛教、基督教、犹太人、美洲原住民或其他精神传统联系在一起。他们在其传统呼吁对爱与关怀的价值观，认可自然的神圣性或表现出无害和良好管理的行动中寻求环保行动的灵感。其他人则将他们的新经济视野主要与反世俗、反种族主义或反帝国主义等世俗问题联系起来。一股强烈的乌托邦主义情绪贯穿于建立在对立原则之上的新经济运动中：虽然旧经济是基于贪婪，而新经济，亦称佛教净地、基督教天国或社会主义天堂，则是基于不同的原则建立的。

新经济的支持者经常宣称，一旦“体制”不再教导人要贪婪（和种族主义等），人们的合作天性会自然而然地结出丰硕成果。毕竟，基督教教导我们，我们是按照神的式样打造的。克莱尔·布朗关于佛教经济学的观点强调我们天生是利他的、善良的。切·格瓦拉（Che Guevara）认为，社会主义革命将创造出一个“新人”（原文如此），他将受到道德的指导而非个人利益的关注。

然而，如第七章所述，在历史上，人们曾多次尝试过这种乌托邦。它们的以往记录并不令人印象深刻。为了解释这一点，我们可能要注意，关于我们神性的宗教教义也有另一面：基督教警告人们普遍存在罪恶，佛教警告贪婪、愤怒和无知这三种毒药。两种宗教都未说某种信念或结构将使我们变成完人。对于完人而言，忏悔是永远没有必要的。反性别歧视、反种族主义和反帝国主义运动也不是什么新鲜事，它们引起的必要变化需要不断捍卫。

完美社会的愿景可以鼓舞人心。但这些愿景会妨碍我们看清我们所处的社会现实，妨碍我们处理自身缺陷和阴暗面。当这种情况发生时，创造持久、变革性变化的前景就显得暗淡。

一条路

那么，我们是否盲目相信技术专家治国的亲商务渐进主义会处理任何可能出现的环境问题？或者，如果我们拒绝这么做，我们必须采用一种不切实际的反市场理想主义来拯救地球吗？

正如本书全文所详述的那样，问题的核心不在于亲商务和反市场两种方法的区别，而在于它们的共同之处。他们有共同的基本信念，即当前的经济运行是由自利价值观、国内生产总值的“当务之急”、利润最大化“原则”、竞争性“压力”等驱动的。就是说，他们都认同这种根深蒂固的观点，即经济是由“运动规律”所驱动的机器。无论其多样类和复杂性如何，希望与恐惧，优点与缺点如何，这两种方法既不是以具体的实际经济体为出发点，也不是以居住其中的人和组织为背景。

然而，如果我们愿意放弃机器的意识形态，而选择适当地管理我们的经济园地，那么实际上我们可以取得一些进步：

- 首先，抛开旧意识形态，我们可以将生存和生活美满作为发自我们内心的目标。
- 其次，撇开陈旧战线，我们就能鼓励“全体人员齐心协力”开展针对气候变化和其他形式的环境退化的活动。

与其在地方与全球，市场与非市场之间制造冲突，不如我们集中所有力量，无论是地方的还是全球的，市场的还是非市

场的，一起致力于环境可持续性和正义的目标。我们可能是理想主义者，但要务实。

务实的理想主义

务实的理想主义是什么样的？[①] 我将概述一些与动机、经济分析和环境倡议有关的想法。当然，许多人已经是务实的理想主义者。本书的目的仅在于提高人们对该方法在知识上的严谨性和实际实用性的认识，而这种特性通常为亲商务和反市场理论家所否定。

真正的动机

联合国气候变化负责人菲格雷斯公开声称：“人类没有比自身利益更强大的指导力量。这句话对于你我，是真实的，但在全国范围内，也是如此。”然而，她的个人经历却截然不同：

当被问及为何选择从事气候变化方面的工作时，她讲述了一种曾经很常见的金蟾蜍 1989 年在哥斯达黎加灭绝的故事。

① 约翰－杜威和圣雄甘地还使用“实用的理想主义”来描述他们相似的哲学。

菲格雷斯的办公室的墙上挂着一幅蟾蜍的插图。

她说："我还是小姑娘时，我见过这种物种，但当我有两个小女儿时，它就不复存在了。这对我产生了巨大的影响，因为我意识到，我交给我的女儿（她们那时非常小，分别出生于 1988 年和 1989 年）一个因为我们粗心大意而已经缩小的世界。"正是这种认识促使菲格雷斯致力于解决气候变化问题。

通常情况，她对问题反应迅速。在我们的谈话中，只有当被问及如果巴黎谈判失败穷国的命运时，她才会犹豫。她最后说："我希望我们不会失败。不然，受苦的将是他们。"

她扭头看别处，眼眶里含着泪水。[①]

如果我们愿意回顾过去的教条，有足够的社会科学证据，甚至神经科学证据，证明人类动机比经济学家通常所认为的还要复杂，且更面向社会。这不适用于家庭和邻里之类的领域：爱、忠诚、圣洁、公正和合作的价值观同样在经济和政治层面有效。正如政客所熟知的那样，没有任何士兵纯粹出于自我经济利益而愿意牺牲在战场上。如第五章所述，经营良好的企业

---

① 菲奥娜·哈维发表在 2015 年 11 月 27 日《英国卫报》上《克里斯蒂安娜·菲格雷斯：这名妇女的任务是拯救世界免遭全球变暖》一文援引了菲格雷斯。

知道，单靠薪酬是不利于激励员工的：员工希望做一些有意义的事情。正如前面几章所讨论的，家庭、非营利性组织和政府也不排斥对抗和竞争的动机。[①]

并非所有的经济学家都对压倒性证据完全置若罔闻。1998年，阿玛蒂亚·森荣膺为纪念阿尔弗雷德·诺贝尔而设立了经济学奖。他区分了这两种动机。其中一种动机涉及我们自身福利，其中包括我们认为受其影响的他人痛苦。另一种则是承诺，这表明当你看见某事发生，“你觉得这是错误的，并且准备采取行动来阻止它”[②]。

仅仅为了满足我们持续的奢侈，而去摧毁我们子孙后代和全球弱势群体的生活和生计，以及破坏令人难以置信的复杂和美丽的物种的生活环境，无疑是大错特错的。我们必须承诺采取行动来阻止它。

---

① 例如，请参阅赫兹伯格编著的《再一次：你如何激励雇员？》；苏珊·T. 菲斯克编著的《社会存在：社会心理学的核心动机》第二版（该书于2010年由纽约约翰威立出版社出版）；拉尔夫·阿道夫斯发表在2009年第60期《心理学年度评论》上《社会大脑：社会知识的神经基础》一文第693—716页；以及约书亚·格林和乔纳森·海特发表在2002年第6卷第12期《认知科学趋势》上《道德判断如何（在哪里）起作用？》一文第23—517页。

② 引述于阿玛蒂亚·森发表在1997年第6期《哲学与公共事务》上《理性愚人：对经济学理论行为基础的批判》一文第326页。

有用的经济分析

当人们将传统数学经济学方法应用于我们能“负担起”多少环境保护这个大（且奇怪的）问题时，传统数学经济学方法似乎成为精神严重错乱者的工具。然而，如一些批评者所声称的那样，这些方法本质上并非魔鬼的工具。实际上，它们在更有限的方式和更普通的环境中非常有用。设计它们的目的在于模拟微小变化如何影响效率，因此，它们可以帮助提供类似小问题的答案。

由于环境政策的预期收益往往比预期成本更难以量化，因此要求拟议的环境政策通过严格的成本效益测试是有问题的。不过，成本效益分析方法具有光明的前途。这些方法模拟了实现既定（例如，社区确定的）目标的各种方法的可能成本，或从其他方面提出可能目标的清单（供决策者考虑），这些目标可以通过既定资源集来实现。

例如，我曾被要求对一项计划发表评论，该计划提议使用当地生物质燃料来加热位于密歇根州的温室。拟议的温室将在冬季用于种植蔬菜，收获的蔬菜将分配给低收入老年人。我认为，那些要求我发表评论的人希望得到支持，因为他们认为这种做法是对地方主义和食品自给的决定性打击。不过，尽管我没有为此而去分析这些数据，但我对这个从经济分析中获益的计划持有强烈的疑问。或许，生物质燃料可以用于，例如，为附近的老年人住房项目供暖。（经济学家指出，即使资源是免费的，但每次使用这种资源还是存在着“机会成本”。）而且，在取暖燃料成本上所节省的资金，可用于购买和运输在温暖气候下持续生长的优质西红柿，其数量是在低温温室中生长的西红柿的三倍。尽管效率并非我们致力的唯一目标，但过分藐视效率有可能导致严重后果。

例如，我的一些经济学同事对减少碳排放的两种可能性进行比较，即选择在节能上投资（例如，为房屋增设隔热层），还是选择在可再生能源转化上投资（例如，增加太阳能电池板）。例如，定量研究比较了煤炭与太阳能对就业创造的影响，可能有助于消除人们所看到的“经济与环境”的陈旧观念。对过去政府法规的成本和收益进行认真的研究可以表明，精心设计的法规（尽管亲商务理论家提出超额负担的综合主张），实际上在保障环境和人类健康方面非常有效。[①] 与其关注于国内

① 引述于戴维·蒂蒙斯、哈拉兰博斯·康斯坦丁尼迪斯等人发表在 2016 年第 92 期《能源政策》上《使住宅建筑能源脱碳》一文第 382—392 页；纳贾·波波维奇发表在 2017 年 4 月 25 日《纽约时报》上《今天的能源工作是太阳能，而不是煤炭》一文；以及弗兰克·阿克曼发表在 2006 年第 33 卷第 4 期《福坦莫都市法律评论》上《监管成本难以承受》一文第 96—1071 页。

生产总值的增长，不如关注我们想要“经济增长”时，我们真正想要的是什么。意识到我们确实想要诸如健康的生活、充分的就业和公正的社会之类的结果，我们可以改为监控这些结果。与其说“增长或不增长？”（两极分化），不如说“什么增长和为谁而增长？”是个好问题。[①] 同样，对“企业业绩”的定量分析可以扩展到包括社会和环境目标实现的措施方面，而不仅仅关注财务状况。

环保倡议

反市场批评者青睐当地和小规模的环保倡议，例如回收计划，从农场到餐桌的运动或鼓励步行和骑自行车。这些往往是积极的，有助于提高社区内部对环境问题的认识，同时朝着环境可持续性的方向逐步改进。的确，小，有时也会很美。

其他人则着眼于州、国家或国际层面的政策制定。这些举措有前途，并且规模越大，效果越深远。除了自由市场意识形态，市场经济只能在精心设计的法律和监管结构中发展壮大。维护环境的政治领导力（其规模和强度不亚于以前为进行太空发射或战争而采取的措施），可能会产生很大的变

① 有人提议用真正的进步指数、人类发展指数和可持续经济福利指数等替代指标取代国内生产总值。

化。尽管（可悲的是）美国联邦政府目前正朝相反的方向自由落体，但在各个城市、州和国家中，强有力的公共部门领导权已经在发生。碳税、对研究和基础设施的投资、限额与交易计划、法规、支持地方举措、支持环境正义、努力建立国家间的合作关系，以及道德劝说，都可以发挥作用。或许，政府无法像身披闪亮盔甲的骑士那样独自“出手相救”，但公共举措可以发挥重要作用。

我是否有一套需向你说明的具体政府政策？恐怕没有。如果我们不相信简单的机械模型所作的预测，就很难对政策的效果产生信心。通过征收大量的碳税（可能结合选择性折扣或其他支持措施，以减轻对低收入和农村人口的短期负面影响），使价格更符合实际环境成本，这是轻而易举的事情。除此之外，与在办公桌上设计出来的所谓万能解决方案相比，采取试验性方法和灵活态度可能更有利于我们制定有用的政策。

企业的角色如何？实际上，许多大型美国公司，由于发现忽略气候变化的实际代价日益突出，正在呼吁美国政府采取比目前更快速，更引人注目的行动。[①] 他们知道事情必须改变，

① 例如，请参见丹尼尔·维克多发表在 2017 年 6 月 1 日《纽约时报》上《“气候变化是真实的”：许多美国公司对巴黎协定退出感到痛心》一文。

而政府关于排放标准、碳税等明确政策越早到位，他们越能更好地制订相关计划。许多人意识到形势的严重性，认为偶尔有限的企业“可持续发展倡议”是远远不够的。

许多企业老板或员工有理由对自己的创新能力和创造性地解决问题的能力感到自豪，并渴望利用这些能力为人类和地球造福。当前的政策环境限制了企业可以采取的环保行为，因为它允许竞争对手通过走环保低端道路来削弱他们的竞争力。他们需要一个由商业行为和政府政策共同创造的市场环境，来支持和奖励他们的环保工作，而不是打击他们。这样，可以进一步释放用于商业用途的资源和力量。

我们不需要更多的跨行业的垃圾言论。真正好的地方倡议，无须披上谴责资本主义制度和企业的外衣，一样可以得到广泛支持和落实。我们亦无须打着限制不道德市场体系的旗号，就可以采取各种急需的地方政策。企业可以进行革命性变革，无须抱怨政府监管的不堪重负，也没必要贬损市民行为的幼稚。当我们摒弃那些机械的经济模型以及其导致的分歧时，当地方单位胡乱采取行动时，当具体政策带来不良后果时，或当具体企业行为受到道德谴责时，我们或许就可以看得更清楚，行动得更好了。

关爱人们，关爱大自然

由于我从事女性主义经济学和生态经济学方面的工作，有时被问到我是不是一位“生态女权主义者”。尽管我对这个标签有所顾虑，但生态学和女性主义之间的联系比人们通常认为的要复杂得多，微妙得多。

实际上，在核心传统经济理论中，对环境和妇女的处理方式非常相似：环境服务和传统上由妇女提供的服务都完全遭到忽视。人们含蓄地认为这两种服务是无成本的，并且是取之不尽、用之不竭的。自然资源和工人一样，悄然无声地不知道从哪里冒出来；地球的经济贡献以及承担和养育未来工人的人们的经济贡献，都不在考虑范围内。工业和消费者所产生的废物，就像传统上妇女照顾的病人和老年工人一样，消失在无法描述的虚无之中。人们充其量将自然资源的枯竭（好比日益减少的女性工人愿意无偿或低薪从事护理工作一样）看作一门学科的专门子域的话题。在人们的眼中，环境和护理工作都不值得高度重视。即使到现在，无论是环境贡献还是无偿护理工作所做出的贡献都未计入国内生产总值中。

在对待环境和妇女问题上的这种相似性源于第一章所叙述的经济学思想史。早期的科学愿景将狭隘的男性形象与对“硬”

知识的渴望混为一谈。男性理性认为它与自然和女性是分离的，并能支配和控制自然和女性。欧洲启蒙运动开始推崇脱离自然和身体的观点，同时压制相互联系和相互依存的现实。反过来，经济学领域也采用这种形象。女性主义者和生态经济学都指出这一缺陷，并转向关爱——前者是对人的关爱，后者是对自然界的其他部分的关爱。

在一些情况下，女性主义者和呼吁变革的生态学是重叠的。例如，工业化国家缩短每周的工作时间，可以使男人和女人有更多的时间照顾家庭，同时也减少消耗资源的生产和消费。在较贫穷的国家，良好的烹饪技术可以改善妇女的健康和保护森林。确保将妇女纳入制定环境政策的权力领域是非常合理的。在其他情况下，这两种方法由于优先事项不同，可能会出现分歧甚至冲突。

我不相信“妇女更贴近自然”。例如，有些理论认为，由于女性来月经或生孩子，因此与男人相比，女性在本质上更具代表性，更贴近自然周期。我不明白其中的逻辑，因为男人也是肉体凡胎，我从未见过哪个男人没有经历过童年、成年、老年和死亡的自然循环。

还有一些人根据特定社会中的性别分工，更有理由将女性与自然紧密联系起来。假设，在某些特定社会中，男人大多在工厂、建设工地或办公室工作。与此同时，妇女种植粮食，在森林里捡柴、挑水、照顾孩子。总的来说，女性更多的是亲身接触生物生命和生存的基本必需品。在这种特定情况下，妇女可能确实比男人更快地注意到一些环境问题（如气候变化造成的柴火或水资源的枯竭）。不过，我并不认同从这些案例中得出的结论，即女性比男性更易受到气候变化的伤害。男人在经营不善的工厂上班，他们的身体也会受到毒害，或者对于从事渔业或伐木业的男人而言，工作时他们与自然的亲近程度并不低。实际上，在美国西部，一些最狂热的环保主义者不仅（绝大多数）是男性，而且还拥有枪支：猎人对野生动物的栖息地了如指掌，且非常关注对它们的保护。

“女人比自然更亲近”的信念易强化陈旧的、限制性的定型观念，而不是挑战它们。我经常听到这样的说法：“男人总是把事情弄糟，由女人来收拾。”还有“男人天生爱冒险，所以女人应该小心谨慎”[①]。这些信念根本不能代表女性的赋权能力，反而使我联想起20世纪50年代广告中那个穿着褶边围裙的家庭主妇。我认为，就关爱自然而言，男人不应该置身事外，相反，人们应该停止声称他们可以控制一切，因此不要再制造

① 在《性别与冒险》一书中，我讨论过模式化观念问题。

混乱。每个人都需要帮忙打扫卫生。

总结

上述任何内容均不意味着，保护人类和其他物种赖以生存的自然环境会很容易。即使我们放弃机械隐喻并治愈由它所造成的分歧，但使我们的星球再次保持健康也是相当困难的。许多人可能仍然喜欢回避现实情况。也许他们在环境问题上侃侃而谈，但在行为上却相当迟缓，甚至带有虚伪和投机的意思。在准备采取大规模必要行动时，他们对有关最佳方案的辩论仍然很激烈。尽管某些变动有利于所有人，但有时还会有赢家和输家。因此，避免伤害最脆弱的人需要小心谨慎。不过，如果我们将支离破碎的、过时的教义抛在一边，以统一战线和对经济行为的现实理解来解决这个项目，保护环境还是可以行得通的。

鉴于挑战的艰巨性，我发现，如果我们不“齐心协力”地去做，任何事情都很难有什么成效。

9

CHAPTER

保持灵肉合一

为什么这很重要

最近，无意中发现两篇几乎同时发表的有关我的作品的评论，这把我逗乐了。在第一篇中，一位反市场博主将我贬为“垃圾”。他强烈地暗示，我是“新自由主义经济学家”，为了自己的物质利益而向企业献媚。然而，在同一时期的几个星期内，一位著名的真正新自由主义经济学家却对我嗤之以鼻，训斥我是不切实际、无可救药、理想主义的“夸夸其谈者”。[①] 除了有一些基本的共同信念，反市场派和亲商务派似乎有个共同的谩骂对象：我。为什么我还要坚持下去呢？

亲商务狂热者坚信，经济是一台机器。他们断言，任何对道德或关怀的直接关注都是不必要的，因为市场经济会自动为公共利益服务。反市场理论家也认为市场是一台机器。他们断言，在资本主义内部不可能有道德和关怀，因为该系统自动依

---

① 引述于肖恩·巴隆发表在2013年4月13日《参与杂志》上《正念可以改变公司吗？》一文；以及安妮·克鲁格发表在2017年3月第55卷第1期《经济文学杂志》上《牛津职业经济道德手册》一文第16—209页。

靠自我利益和贪婪的能量运行。无论哪种方式，这个隐喻都迫使我们把对经济供养生活的“身体”关注与对社会责任和关爱关系的“灵魂”关注分开。

经济作为机器的隐喻，让我们对现实世界中人类工作、关怀和组织运行的品质视而不见。然而，这个隐喻是完全没有必要的。我不断地强调这一点，因为我相信我们可以将有关供应和创造就业的合法价值观与我们在道德和关怀方面的合法价值观结合起来。将经济比喻为一颗跳动的心脏或许是一种有用的选择。跳动的心脏进行着血液循环，支撑着身体，并且是灵魂和勇气的传统所在地。将经济比喻为我们精心照料和呵护的花园，而不是我们所控制的一台机器，则是另外一幅值得深思熟虑的画面。

我们对经济学的思考方式对我们的实际生活、个人和社会有什么不同?

将身体和灵魂结合在一起，对于我们生活中的两个重要领域来说是至关重要的。一方面，当讨论的话题是关怀时，我们对金钱的反感会导致经济的护理部门发生资源危机，另一方面，当讨论的话题涉及商业时，我们对道德操守的反感会导致生活中商业和金融层面的责任危机。

护理危机

美国面临着一场护理危机，这并非危言耸听。考虑一下儿童获得照料的诸多方式就一目了然。尽管有些付费儿童保育服务相当出色，但其他有偿服务机构提供的护理质量较低，而且成本和可用性等严重问题仍未得到解决。导致低质量的一大问题是员工流失率高，而造成高流失率的一大问题是薪酬低。据美国劳工统计局的数据，2016年仅十种职业（在534种列举的职业中）的平均工资低于儿童保育工作。收入较高的人包括动物管理员和停车场管理员。[①] 或者孩子出生后，父母想在家待一段时间怎么办？与绝大多数工业化国家（包括加拿大）不同，美国没有任何国家方案为育儿假提供财政支持，哪怕是几天或几周。在大多数城市和县城，大量儿童在等待有人来收养他们。

那么休弱多病的老人怎么办？准备提交给美国卫生部的一份2002研究报告指出，全美90%的养老院的服务人员配备不足，使老年人面临诸如褥疮、脱水和营养不良等问题的风险。养老院服务人员的工资非常低，服务人员的流失率很高，前三

① 引述于美国劳工统计局的《2016年第39号表格一按详细职业和性别全职员工周薪中位数》一文。该劳动力统计数据来自当前的人口调查，并于2017年2月8日由本文作者进行修订。

个月几乎达到100%。

那么我们如何照顾好病人？据媒体报道，美国医院的护士几乎长期短缺。院方声称他们无法招聘到足够的合格人员，只能越来越依赖最低（或次低）的人员配置，强制加班以及从国外招聘护士来维持业务的运行。护士（以及许多医生）都在抱怨，他们不再有时间真正地观察、交谈和了解他们的病人，或者帮助他们舒适地生活，减轻他们对医疗程序的焦虑。人员配置不足与错误增加有关，导致疾病增多，甚至死亡。

我认为，很大程度上，这个问题是由于维多利亚时代的错误观点所造成的，即亲力亲为的护理工作源自人们的利他思想，应该是“免费的”，并且是源源不断的。我们只是不习惯护理涉及技术性工作和关注他人情感倾向，也不习惯护理工作人员可能对自己的家庭负有经济责任。我们甚至怀疑，索要生活工资是工人贪婪和无心照顾的表现。真是一派胡言！花费在护理上的时间和金钱总是需要经济上的支持，即使在维多利亚时代，这种支持也是存在的，哪怕是隐蔽和间接的。现在是我们为护理工作提供直接和充分经济支持的时候了，我们要维持优质护理工作，而不能让护理工作成为我们的噩梦。

我认为，作为公民，我们应该支持立法，通过制定人员编制、人员资质和薪酬标准，来提升卫生和儿童保育质量。我们应该支持工会和其他护理工人组织为争取体面工作条件和公平回报而斗争。医院、养老院、托儿所的管理者应积极研究“最佳实践”，制定行之有效的行业标准。我们应该重新审视我们照顾老人的方式，并认真地思考良好的家庭护理和临终关怀如何能比我们目前更注重医疗的系统，创造更好的生活质量。我们应该更加重视其他领域，如小学教育和社会工作所需要的关爱技能。美国应该效仿几乎所有其他工业化国家的做法，帮助父母负担得起婴儿早期待在家里的费用，或者为婴儿提供优质的有偿护理。

筹集资金支持护理工作是“不实惠的”，有人对此表示反对。因为这种观点来自目光短浅的烘焙销售心态。寻找资金改善实际操作的护理工作并非突施妙计。任何经济学家都会告诉你，经济决策意味着你需要做出选择。在社会中，我们似乎可以从政府和保险支持的药品采购以及昂贵的医疗检验付款中找到数十亿美元的资金。那么，为什么护理病人却“负担不起”呢？在儿童保育方面，有人估计，美国的补贴计划（包括提高薪酬的质量激励措施）的成本约为每年260亿美元。[1]如果与

① 引述于苏珊娜·W.赫尔本与芭芭拉·R.伯格曼合著的《美国儿童保育问题：出路在哪里》一书第213页。该书于2002年由纽约帕尔格雷夫·麦克米兰出版公司出版。

无报酬和低报酬的女性提供的“免费”托儿服务相比较，这似乎贵得离谱。然而，如果讨论的话题涉及交通方面，人们纷纷传言地方政府和联邦政府的交通支出高达数百万乃至数十亿之多（实际上，在做出估计数值的那一年，美国联邦政府在交通方面的支出超过 500 亿美元），更不用说国防部了（同年支出超过 4000 亿美元）。许多其他国家在儿童保育方面的补贴要远远高于美国。只有当我们意识到，我们谈论的是生命养育和维持，而不是虚饰，我们才会认真考虑对护理工作的经济支持。

在讨论关爱时，对金钱的讨论可能会使其他人感到不舒服，因为这对他们来说是一种“公司化”的过程。狭隘的金钱价值观已经不断地侵蚀公立和非营利大学、医院和其他机构，对此我完全赞同，并支持遏制这种不利影响。我们要防止他们只追逐财务目标或选择性量化“效率”措施，而忽视更广泛的生活服务目的。我们要防止他们打着“激励”高管的幌子，增加收入的不平等。不过，我建议，我们需要谨慎地将这种行为贴上“老鼠化”的标签，以明确它们是“老鼠”（带有鄙视的意味）价值观的体现，而不是企业形式的内在价值观的体现。与其说关爱不应该“为钱”，我们不如为金钱而展开辩论：为了金钱而支持那些个人和组织，以保护、养育和治疗我们当中的最脆弱者。至于关爱人们，其实就是关爱环境。

与其对很少有人谈起的价格或市场做出反应，将其视为腐败商品化的标志，环保行为主义者最好还是多思考如何谨慎使用价格或市场，以实现可持续发展的目标。

商业危机

实际上，早在2001年，安然公司已经相当糟糕了。在20世纪90年代，这家能源公司曾大力游说用“自由市场”取代公用事业监管，然后，它乘势而上，呼风唤雨，报告了高额利润。后来，人们得知该公司采用大规模会计欺诈手段来营造表面繁荣兴旺的假象。但安然公司并非故事的终结。一年后，福布斯网站的“公司丑闻名单”不但列举了安然和安达信，还列出阿德菲亚通信、美国在线时代华纳、百时施贵宝和其他17家公司。这还是2008年金融危机前的情况，而这场金融危机更是使高盛投资公司、美国国际集团、贝尔斯登、全国金融公司、穆迪公司和其他公司的大名为老百姓所熟知。这种情况还将持续下去。商业、会计行业、金融业和监管团体纷纷陷入了关于会计准则、证券监管、高管薪酬和股票期权、公司治理和商业道德的热烈讨论中。你几乎不用浏览每日新闻，就清楚这些是热门话题。显然，商业和金融需要进行具体改革，强化问责力度、透明度和道德标准。鉴于这些危机，很少有人声称，一只无形的手在驱使贪婪的商业和金融业领导者为社会公益而服务。在许多情况下，人们都在讨论企业领导人相对于股东的道德规范。根据机械观点，组织应该自动和无缝地服务于其团体利益，这也是一个相当重要的问题。

我未曾涉及过企业对员工、客户、社区和环境的责任问题。与公司活动有关的侵犯人权、破坏环境和违背承诺的报道（令人遗憾）比比皆是。工会、社区活动人士、环保人士、“公平交易”团体、健康倡议人士、消费者保护团体、慈善和社会服务团体、“监督”机构，以及宗教团体都在努力提高公众意识，使公众认识到我们的社会和环境正在遭受破坏。

不过，我认为，“机器”言论往往带有企业不负责任的意思，这实际上阻碍了进步。好好思考一下。企业好比庞大的研磨机，其行为不可阻挡。它们是入侵的异类，是癌症也是灾害。这种意象的力量在何处？它和“他们”（哥利亚）在一起。与此同时，它使“我们”（受损方、积极分子或受到影响的人）处于无助的受害人角色。“我们”的印象是，在经济机器摧毁“我们”之前，我们必须努力控制经济机器，或者摧毁它。同时，头脑僵化的活动人士对公司掌权者持有敌意和反对。他们对企业领导者没有任何好的期望。实际上，根据他们的理论，由于企业的机器或异类本质，企业领导者不可能以道德方式行事。尽管这种言论会带来戏剧性结果，但我认为，更加务实和开放，少一点自以为是，可以促使活动人士获得更大进步。

如果外部压力有效改变公司行为，使其承担更大社会和环境责任时，通常是因为这种压力支持了公司内部具有相同目标的人的议程。尊重公司内部人员的人性和道德能力，意味着倡导团体可以将自己的角色看作一种冲突和合作，这挑战当前的做法，又与那些能够真正实现变革的企业领导者展开合作。这使得倡导更加有效。根据纯粹对抗性观点，一小撮外部倡导者必须迫使强大公司发生不情愿的变化。反之，如果我们视公司为人类组织，那么，外部倡导者的作用则是一种激励、监督，或者掌权者的芒刺。这样，外部倡导者和公司内部人员一道，既使公司保持谦虚谨慎的态度，又避免公司上下同流合污，串通一气。

从现实的角度来看，我们既认识到外部活动人士所做出的重大贡献，又认识到真正变革只能来自内部的事实。例如，比尔·史里曼和木内多知是一个促进商业和活动人士进行对话的组织的领导人。他们发现，如果双方摆脱“对彼此的黑白成见”，“放下对‘敌人’的恐惧”，双方往往可以找到双赢的解决方案。[①] 带头承担社会和环境责任的公司可以也应该带头在其行业协会内，以及其他任何能听到其声音的地方提出这些问题。

与其假设法律和竞争的外部“结构”“驱使”公司实现利润最大化，不如将内部和外部结构视为多样化且不断发展的过程，这样的观点对我们帮助更大。作为个人，我们经常对庞大的经济、政治和社会体系感到力不从心。不过，从广阔的历史角度来看，我们认识到这些体系包含着许多变化，并随着时间推移而有所不同。有的君主制是压迫性的，而有的则比较温和。随着民主制度的发展，这两种君主制都过时了。今日的企业资本主义与亚当·斯密时代的企业资本主义有诸多不同之处。诚然，社会和经济生活的结构塑造了我们个人。但同样，作为个体和共同工作的团体，我们也会在不同的背景下，随着时间的流逝反过来塑造社会和经济生活的结构。

就公司外部压力而言，对企业持批评态度的人士呼吁进行许多我可以赞同的改革。鼓励公司董事会通过吸纳员工、社区和其他代表，对各种利益相关者做出更多的回应，这或许是一

---

① 引述于比尔·史里曼与木内多知发表在2004年秋季第18卷第3期《商业道德：企业责任杂志》上《关于（不）向人群开火：助长反企业仇恨运动的五种误解》一文第4—5页。

件好事。作为个人，我们可以通过参与消费者抵制、股东行动和购买“公平贸易”产品，支持向更大的社会和环境责任转变。作为公民，我们可以游说修改法律和法规，以扭转最近对公司施加的压力，使其以金融化和商品化的方式行事，并对公司施加积极的压力，使其朝着更公正和可持续性社会方向发展。作为公民，我们还支持回归到更渐进的前里根–撒切尔时代的税收制度，因为它可以助力防止经济权力的极端集中。

除了改变公司外部压力，在公司内部建立良好的信息流结构和问责制对打击“老鼠价值观”至关重要。内部结构可以与希望负责任行事的公司内部人员合作，也可以与他们作对。包括社会、环境和财务标准在内的“三重底线”或“社会影响管理”会计制度是很有前途的发展方向。如果认为金融和社会 / 环境问题总是指向同一个方向，那就太天真了。消费者和政府往往有很大的空间来采取行动，使财政激励措施更加符合社会价值观。不过，认识到商业决策是道德决策，则是我们走上正确道路的开端。

一个时代的终结?

在本书的第一版中，我写道：“虽然我很想另当别论，但我强烈怀疑，从现在起的十年后，仍然有许多经济学专业的学生会被教导说，经济是一台奇妙的机器。”而时间已经证明了我的正确性。我没有看到其他社会科学或人文学科的革命在指导人们更充分理解经济学、伦理学和关怀之间的关系。因为学术界中的惰性太多了。

最近的政治事态发展加重了悲观情绪。鉴于唐纳德·特朗普这个人的性格，2016 年美国总统大选从某种程度上看，像是狭隘的自我利益和贪婪的绝对美化的胜利。除了带来种族主义、性别主义、仇外心理和仇恨团体的复兴，许多人还担心这个总统任期意味着理性的死亡和避免环境灾难的所有希望的破灭。尽管情况的确相当严峻，但对我们需要什么才能共同生活的问题确实需要进行新的评估。值得注意的是，特朗普主义在美国的兴起，至少有一部分原因是他作为一个“成功商人”的精心营销，以及在许多人身上所唤起的积极态度。对两党领导人来说，这也是一个警钟，因为他们未能关注去工业化所带来的负面社会和经济影响，特别是在农村地区。

根据许多持中间路线的人士和左翼人士的观点，特朗普主义的解决方案是增加理性和仔细分析的应用，并努力向人们指出种族主义、性别歧视和仇外论调的逻辑缺陷。然而，我认为，恰恰相反，这种方法存在严重缺陷。它源自公民作为“自由人”的形象。与经济人一样，“自由人”基本上被认为是理性的，并与其周围的同辈人有关。

卡伦·阿姆斯特朗写过许多有关宗教的作品。相比之下，他还写过关于标识和神话重要性的文章。标识指的是科学的、实事求是的理解。在这种理解中，效率（值得注意的是，机器意识形态经济学中唯一公认的价值！）则是最高目标。现代工业化社会对标识相当痴迷。然而，在这个过程中，我们忽视了神话，一种精神、情感和直觉的方法。通过这种方法我们开始理解和重视我们的生活，并感到我们有目的，有社区以及有所属。阿姆斯特朗描述了这种空虚是如何产生“麻木的绝望”、“恐惧和破坏性的不合理”以及“狭隘的种族、民族、教派和自我主义的破坏性神话”。

其他学者对劣质的标识文化也提出类似观点。心理学研究已经注意到人类深层道德价值观的多样性，其中包括忠诚和神圣，以及倾向于呼吁狭隘的、个人主义的道德价值观的自由主义言论。语言学研究考察了美国共和党在最近胜利中所采用的方法，发现共和党基于对价值观和情感的呼吁，并使用强有力的语言和叙事技巧，而民主党则基本上只呼吁选民的理性。社会学研究已经注意到茶党是如何利用忠诚、牺牲、家庭、社区和教会的价值观。[①]

他们为了适应男性超然的陈旧观念，不惜毁掉自己的情感和对社区的需求，因此，无论是经济还是民主制度，都不可能由这种半人组成。随着我们认识到我们是有身体又有灵魂，有大脑又有心灵的凡夫俗子，我们的经济和民主就会得到改善。

前行之路

能看到一些希望的曙光。

在学术界，玛莎·努斯鲍姆认为，人文学科的研究所培育的同理心和想象力对于维持民主社会至关重要。尽管她的作品书名《不以盈利为目的》可能（不幸的是）会让人联想到身体与灵魂的古老二元论，但她对经济学的分析实际上更

---

① 关于心理学，请参阅约书亚·格林编著的《道德部落：情感，理性以及我们与他们之间的差距》（该书于2013年由纽约企鹅出版社印制）；以及海特编著的《正义的思想》。关于语言学，请参阅乔治·拉科夫编著的《不要想大象！了解您的价值观并进行辩论》（该书于2004年由佛蒙特州的切尔西绿色出版公司印制）；关于社会学，请参阅霍奇希尔德编著的《自己土地上的陌生人》。

为均衡。

任何现代民主国家的国家利益都要求强大的经济和繁荣的商业文化。为了营造负责任、谨慎的管理环境和创造性创新的文化，这种经济利益还要求我们利用人文科学和艺术。这样，我们不必在促进利润的教育形式和促进良好公民意识的教育形式之间做出选择。我称之为“教育促进经济增长”的支持者会采取一种无创造性观念，来实现他们自己的目标。[①]

经济学以及经济社会学和商业道德等领域的一些举措，还指出身体和灵魂的融合，可以保持经济心脏健康，并能使经济花园得到精心照料。[②]

然而我相信，在打破18世纪经济机器的僵化形象方面，最有帮助的不是学者，而是在企业从事护理工作的脚踏实地的人士。除非这种观点深入人心，否则不会有什么用处。

以史为鉴，或许在这里还是有用的。19世纪末，在美国政治的进步时代开始时，战线似乎已经清晰地划定。一方面，资本主义的“强盗大亨们”，即大型钢厂、大型石油设施等的

① 引述于玛莎·C.努斯鲍姆编著的《不以盈利为目的：为什么民主需要人文学科》第10页。该书于2016年由新泽西州普林斯顿市普林斯顿大学出版社出版。

② 例如，我与内娃·古德温等人一起编写介绍性教科书，例如《语境中的微观经济学》等，现在这些教材由劳特里奇出版社出版。

所有者，在当时不规范、随心所欲的资本主义市场上攫取了大量财富。与此同时，产业工人（其中一些是儿童）在不健康、令人压抑的条件下，每天工作 14 至 16 个小时。作为回应，一些引人注目的乌托邦社区成立了。不过，它们中没有一个足够强大，可以挑战占据主导地位的产业体系，且大多数社区都是昙花一现。直至最近的威胁和经济倒退，我们美国人还认为是理所当然的劳工监察方案，正是来自那个时代的创新。一般来说，该方案是通过采纳有关各方面的意见而设计的。来自工业界、工会、消费者团体和政府机构的代表组成委员会，为困扰工业经济时代的最严重问题制订解决方案。这些进步人士是务实的理想主义者。

威斯康星大学的约翰·R. 康芒斯是最有名的制度经济学家。在 21 世纪初的几十年里，他在传播这种实用主义方法方面发挥了作用。康芒斯及其同事在进行实际调查之前，并没有受到任何给他们答案的大理论的指导。他们的方法在很大程度上依赖于研究特定行业和问题的具体性质，收集关于其他地方尝试过的解决方案的信息，并寻求有关各方的意见。不足为奇的是，这种务实的方法受到了双方的质疑。一方面，马克思主义者反对说，它只是把更多的面包屑扔给工人，让本来就压迫人的制度稍微好一点，另一方面，资本主义财富创造捍卫者抱怨道，进步政策规定的政府“干预”对自由市场力量造成了不必要的拖累。

如今已是 21 世纪初，是时候进行重新评估和缩减开支了。我们需要新的对策来处理新问题。一些美国进步时代的陈旧政策，是为那个时代的行业和家庭所设计的，已经不适应我们的情况。燃烧大量化石燃料，钻探更多的深井，制定金融市场上的法律法规，规划诸如社保和失业保险之类项目，确定食品和药品的含水层，以及应用新发明的工业化学品等，这些在当时看来都是好主意。此外，进步主义者设计政策时，将护理工作无偿分配给家庭妇女。当然，许多政策反映出当时的种族主义偏见。不过，右翼纯粹主义者现在威胁要完全取消进步时代的项目，但却没有制定相应的替代项目。他们大肆宣扬受意识形态启发的前市场政策，规定在所有领域放松管制和实行私有化，并在环境破坏方面采取低调的政策。他们破坏了政府项目，因此他们宣称这些项目失败并废除它们。虽然老一辈进步主义者所制定的政策不再完全满足当今社会和经济的需求，但我认为我们可以从其方法中学到很多东西：“当今社会最大的危害原因是什么？”“我们如何共同纠正这些问题？”等，这在当今世界依然是发人深省的问题。

对某种机械纯粹主义的回应不一定是机械纯粹主义的反

面。我们认识到，有生命力的经济体的健康取决于我们的道德决策和我们支持关爱和尊重关系的意愿。如果我们想要一个生活富足、社会公正、生态可持续性和关心那些处于困境的人的世界，我希望我们能像过去的进步人士一样，致力于务实和富有挑战性的项目，让现实世界的经济为人类谋福利。因为我们的身体和灵魂都取决于此。